Eckstein | Funk-Münchmeyer | Liebetrau (Hrsg.)

Insurance & Innovation 2020
Ideen und Erfolgskonzepte von Experten aus der Praxis

Eckstein | Funk-Münchmeyer | Liebetrau (Hrsg.)

Insurance & Innovation 2020

Ideen und Erfolgskonzepte
von Experten aus der Praxis

Bibliografische Information der Deutschen Nationalbibliothek

Die Deutsche Nationalbibliothek verzeichnet diese Publikation in der Deutschen Nationalbibliografie; detaillierte bibliografische Daten sind im Internet über http://dnb.d-nb.de abrufbar.

© 2020 VVW GmbH, Karlsruhe

Das Werk einschließlich aller seiner Teile ist urheberrechtlich geschützt. Jede Verwertung, die nicht ausdrücklich vom Urhebergesetz zugelassen ist, bedarf der vorherigen Zustimmung der VVW GmbH, Karlsruhe. Jegliche unzulässige Nutzung des Werkes berechtigt die VVW GmbH zum Schadenersatz gegen den oder die jeweiligen Nutzer.

Bei jeder autorisierten Nutzung des Werkes ist die folgende Quellenangabe an branchenüblicher Stelle vorzunehmen:

© 2020 VVW GmbH, Karlsruhe

Jegliche Nutzung ohne die Quellenangabe in der vorstehenden Form berechtigt die VVW GmbH zum Schadenersatz gegen den oder die jeweiligen Nutzer.

Beachten Sie bitte stets unseren Aktualisierungsservice auf unserer Homepage unter:
vvw.de → Service → Ergänzungen/Aktualisierungen
Dort halten wir für Sie wichtige und relevante Änderungen und Ergänzungen zum Download bereit.

Gleichstellungshinweis
Zur besseren Lesbarkeit wird auf geschlechtsspezifische Doppelnennungen verzichtet.

ISBN 978-3-96329-308-5

Vorwort

Das Jahr 2020 stellt für die Buchreihe Insurance & Innovation in zweifacher Hinsicht einen besonderen Auftakt in das neue Jahrzehnt dar. 2011 ist das Jahrbuch von Axel Liebetrau und Dr. Andreas Eckstein erstmalig zusammengestellt worden, von Funk nunmehr im fünften Jahr als Mitherausgeber begleitet und erscheint dieses Jahr in seiner zehnten Auflage. Insurance & Innovation steht für innovative Konzepte einer Vielzahl von Autoren aus der gesamten Versicherungspraxis.

Innovationsthemen sind mittlerweile verstärkt durch globale Einflüsse geprägt. Innovations-Hubs u.a. im Silicon Valley, in London, Paris, Berlin, Tel Aviv oder in Singapur und Shanghai stellen die Innovationsentwicklung ins Zentrum. Sie dienen Innovatoren weltweit als Quelle zur Inspiration und als Lösungsbaukasten, eigene Entwicklungen zügig voran bringen zu können. Eine Vielzahl der Beiträge des Buches ist daher in englischer Sprache verfasst und steht so einer internationalen Leserschaft offen.

Intensiver Lösungsbezug steht bei den Themen des Jahrbuchs erneut im Fokus. In Anbetracht des Megatrends Digitalisierung und der damit verbundenen Vernetzung von industriellen Anlagen, Maschinen aber auch Alltagsgegenständen, thematisieren einige Beiträge Risiken in Verbindung mit Industrie-4.0-Anwendungen und stellen neue operationelle Risikomanagement-Ansätze vor. Gleichermaßen werden in anderen Beiträgen die Auswirkungen des maschinellen Lernens auf die Branche beleuchtet und die Notwendigkeit aufgezeigt, Prozesse effizienter zu gestalten. Außerdem betritt Nachhaltigkeit das Parkett in der Versicherungswirtschaft. Autoren skizzieren mögliche Zusammenhänge für das Underwriting bzw. bei einer Zusammenarbeit mit der öffentlichen Hand als politisches Lenkungsinstrument.

Wie in den Jahren zuvor haben auch in 2020 wieder Funk-Experten zu dem Buch beigetragen: Dr. Alexander Skorna und Hendrik Löffler beleuchten in ihrem Beitrag die neue Dienstleistung „Funk Beyond Insurance". Hier werden innovative, marktfähige Lösungen beispielsweise aus dem Bereich Künstlicher Intelligenz, Drohnentechnologie oder Sensorik für einen Praxiseinsatz im Industrieunternehmen in Kooperation mit ausgesuchten Startups entwickelt. Benedikt T. Brahm und Dr. Kristina Klinkforth zeigen, wie ausgehend von einer spielerischen Unternehmenssimulation – dem Management Adventure – Entscheider im Unternehmen ihr Krisenmanagement verbessern und Mitarbeiter wirksam sensibilisiert werden können.

Auch bei Funk nehmen Innovationen und die systematische Reflektion der Entwicklung von Märkten und Kundenbedürfnissen sowie von regulatorischen und technologischen Strömungen eine wichtige Rolle ein. Ein spezifischer Trend-Radar ordnet die Relevanz einzelner Trends hinsichtlich deren Veränderungspotentials von etablierten Produkten und Dienstleistungen sowie deren zeitlicher Umsetzungsrelevanz ein. Hierauf aufbauend werden Kundenspezifische Einzellösungen im Business Development entwickelt, während skalierbare innovative Geschäftsmodelle mit ganzheitlichem Ansatz im Funk Innovationsnetzwerk in agilen Sprints bei interdisziplinärer Besetzung der Innovations-Teams erarbeitet werden.

Unser herzlichster Dank gebührt auch in diesem Jahr allen beitragenden Autoren, die ihr Wissen offen teilen und dadurch einen wichtigen Beitrag zur Entwicklung der Branche leisten. Dank auch an Axel Liebetrau und Dr. Andreas Eckstein, deren Engagement und Know-how auch in diesem Jahr dafür sorgen, dass das vorliegende Werk Standards setzt.

Eine inspirierende Lektüre wünschen

Dr. Anja Funk-Münchmeyer
Mitglied der Geschäftsleitung und Gesellschafterin
Funk – Internationaler Versicherungsmakler und Risk Consultant

Dr. Alexander Skorna
Leiter Business Development
Funk – Internationaler Versicherungsmakler und Risk Consultant

Inhaltsverzeichnis

	Seite
Vorwort	V

Lukas Nolte, Axel Liebetrau
Von Jägern und Beute 1

Dr. Peter Reichard
Eigentragung im Trend 5

Rolf Lenherr
Regulation and Innovation/Digitalization: two mutually
exclusive areas in Operational Risk Management? 11

Lars Georg Volkmann
Die Finanz-Norm DIN 77230 – ignorieren oder davon
profitieren? 23

Timo Engelbertz/Dr. Thomas Götting
Über den klassischen Risikotransfer hinaus: Innovative
Deckungskonzepte für klimabedingte Risiken 29

Maria-Helena Hansen
Prozesse sind die neue Währung 37

Dr. Marcus Schmalbach
What the risk financing market will look like in 2030 –
without industrial insursers 45

Dr. Jürgen Stanowsky
Sustainable Underwriting 53

Christopher Schumacher/Peter Maas
A Stich in Time Saves Nine: Building an Ambidextrous
Organization in Financial Services 61

Inhaltsverzeichnis

	Seite
Marcus Rex Mit Plattformökonomie in die Zukunft der Versicherungswirtschaft	69
Dr. Reiner Will Cyber-Versicherungen – Wann erwacht der schlafende Riese?	73
Univ.Prof. Dr. Walter S.A. Schwaiger/Michael Brandstätter Measurement of ERM maturity levels and their relevance for the insurance industry	79
Dr. Christian Eckert/Dr. Johanna Eckert Maschinelles Lernen: Wie künstliche Intelligenz die Versicherungswirtschaft verändert	87
Petra Mates/Christian Höft Regulatory Non-Compliance – Life Science's Omnipresent Risk	95
Dr. Franz Karmann Versicherung und Entwicklungszusammenarbeit – Kann das funktionieren?	105
Dr. Alexander C. H. Skorna/Hendrik F. Löffler Ein digitales Ökosystem der Risikoprävention: Funk Beyond Insurance	115
Benedikt T. Brahm/Dr. Kristina Klinkforth Spielerisch durch die (Rückruf-)Krise – Das *Management Adventure* der Funk Stiftung	127
Prof. Dr. Julia Arlinghaus/Manuel Zimmermann Neue Technologien = neue Risiken? Wie *Industrie 4.0* die Risikolandschaft in Produktion und Logistik verändert und wie Unternehmen ihr Risikomanagement daran anpassen müssen	137
Die Autoren	147

Von Jägern und Beute ...

Lukas Nolte, Axel Liebetrau

oder warum „kleine" Veränderungen große Auswirkungen haben können ...
oder warum wir in visionären Ökosystemen denken sollten ...
oder warum selbstständige und weitsichtige Mitarbeiter wichtig sind ...

Ende des 20. Jahrhunderts wurden im Yellowstone-Nationalpark in den USA Wölfe ausgesiedelt, welche dort zuvor durch den Menschen ausgerottet wurden. Die Wölfe rissen das ein oder andere Reh, welche in großer Zahl im Nationalpark vorhanden waren. Die Rehe reagierten prompt und mieden die Orte, an denen sich die Wölfe aufhielten. Dies wiederum gab den Orten die Gelegenheit, sich über die Zeit langfristig zu regenerieren, die Zahl der Bäume nahm zu und Beeren und Käfer wurden wieder häufiger, da ihre Lebensgrundlage gestärkt wurde. Darüber hinaus töteten die Wölfe auch Kojoten, sodass die Population von Hasen und Mäusen wieder stärker wachsen konnte. Als Reaktion auf das größere Angebot an Nahrungsmitteln siedelten sich verschiedene Vögel, Füchse, Dachse und Wiesel wieder an. Zeitgleich bewirkte der erhöhte Baumbestand aber noch mehr: Der Biber, welcher in den Parks ausgestorben war, kehrte ebenfalls zurück und begann, Dämme zu bauen, die wiederum Schutz für Otter, Bisamratten und kleinere Reptilien boten. Durch das bessere Gleichgewicht zwischen Jägern und Beute, die Rückkehr der Biber und die erhöhte Vegetation gibt es weniger Erosion an den Flüssen. Flussbänke stabilisieren sich und die Kanäle werden kleiner – sogar kleine Teiche bilden sich.

Zusammengefasst hat die Aussiedlung des Wolfs das Ökosystem massiv beeinflusst – in eine Richtung, die niemand vorhersagen konnte, mit nicht nur erhöhter Biodiversität, sondern sogar Auswirkungen auf die physikalische Struktur des Nationalparks.[1]

---

1 Vgl. bspw. https://www.nps.gov/yell/learn/nature/wolf-restoration.htm.

Die Analogie zur Internationalisierung in der Versicherungswirtschaft ist klar erkennbar. Wir können nicht mit Sicherheit sagen, inwieweit sich Änderungen durch den Eintritt ausländischer Wettbewerber und von Techgiganten wie Google in Summe auf das gesamte Ökosystem der Versicherungslandschaft auswirken werden. Klar ist aber, dass mit großer Sicherheit nichts bleiben wird, wie es war. Deshalb ist es auch kein Wunder, dass viele Versicherungen Angst vor Amazon, Facebook, Google und Co. haben. Diese werden gefühlt wie Wölfe in die gemütliche deutsche Versicherungswelt einfallen und das Ökosystem stark durcheinanderwirbeln.

Wenn man als Versicherung nun nicht zum gejagten Reh werden will, liegt die große Herausforderung nicht nur darin, einzelne „Testballons" im eigenen Unternehmen anzusiedeln, sondern vielmehr eine Vision mit einer begleitenden Strategie davon zu entwickeln, wie man mit den Veränderungen umgeht. Dazu müssen Versicherer auch stärker lernen, aus der Wohlfühlzone auszubrechen. Noch ist das Thema Digitalisierung für viele Versicherer gefühlt, ein paar Prozesse zu digitalisieren und mit weniger Papier zu arbeiten.

Was Digitalisierung wirklich bedeutet, wird vielen wahrscheinlich erst klar werden, wenn die Jägern aus den USA und China in den Markt treten. Bis jetzt hat die Lobbyarbeit der Versicherungen gut geklappt, dies möglichst zu erschweren. Es ist aber nur eine Frage der Zeit, wann internationale Anbieter mit modernen kundenzentrierten Lösungen den sowohl gehegten Status quo zerstören werden. Wie schnell sich Kunden an benutzerfreundliche Dienste gewöhnen, haben das iPhone, Alexa und Amazon schon eindeutig bewiesen und von diesen sind viele deutsche Versicherer leider noch meilenweit entfernt.

Für den Aufbruch zu neuen Ufern braucht es aufgrund der hohen Interdependenzen nicht nur viele visionär denkende Mitarbeiter, sondern auch solche, die eine hohe Adaptivität aufweisen, um auf die unvorhergesehenen Umwälzungen schnell und nachhaltig reagieren zu können[2]. Dies stellt Versicherungsunternehmen vor große Herausforderungen, da sie in der Vergangenheit diese Mitarbeiter eher nicht eingestellt haben und dies heute die Mitarbeiter sind, die von jedem Arbeitgeber gesucht werden. Versicherungsunternehmen ste-

---

[2] Vgl. Pohl & Nolte (2019).

hen bei keiner der möglichen Zielgruppen auf den höheren Beliebtheitsplätzen, sodass es schwer wird, diese klugen Köpfe zu gewinnen[3].

Zum einen bedeutet diese Erkenntnis klar: Die Versicherungsbranche muss sich im sich zuspitzenden „War for talents" klar positionieren und sich als attraktiver Arbeitgeber platzieren. Nicht nur über Dinge wie Gehalt[4], sondern auch über Image-Pflege, sinnstiftende Tätigkeiten und neue Arbeitsmethodik, welche auch „echt" in das System eingebettet werden müssen und nicht lediglich als Fassadenmalerei wahrgenommen werden. Das bedeutet nicht die oft angepriesenen „New Work"-Lösungen wie neue Raumkonzepte oder Telearbeit[5], die dazu führen, dass die Gemütlichkeit weiter erhöht wird, sondern echte Veränderungen in den trägen Entscheidungsstrukturen, obwohl diese stets gerne beibehalten werden[6].

Die noch größere Herausforderung liegt allerdings für die Versicherungsbranche in einem Bekenntnis zur Unsicherheit beim zukünftigen Business und Entwicklungen. In der Rolle als Risikoträger gilt es, die Risiken zu minimieren. Gleichwohl muss bewusst Platz für eine Erkenntnis geschaffen werden: Die völlige Abwesenheit von Unsicherheit ist unmöglich.[7] Das bedeutet im Zweifelsfall nicht, dass jedes Sicherheitsbedürfnis über Bord geworfen werden sollte, sondern vielmehr, dass ein klares Commitment zu erstens menschlichen Fehlern und zweitens der Nicht-Vorhersehbarkeit der zukünftigen Entwicklungen getroffen wird. Dieses Commitment ist deshalb so wichtig, da ein zu fester Rahmen und eine nicht ausgeprägte Fehlerkultur jegliches „Scheitern" und damit auch jede Innovation verhindern.[8]

Zusammengefasst bedeutet das eine ebenso klare wie einfache Aussage, die kein Stück neu ist: „Sapere aude! – Habe Mut, dich deines

---

3 Vgl. die Auswertungen von Trendence, Glassdoor, Kununu, Great Place to Work, zusammengefasst bspw. unter https://karrierebibel.de/beste-arbeitgeber/.
4 Gehalt wirkt nur gering als Motivation, sondern eher als Demotivator, wenn es zu gering ist, vgl. Herzberg (2003).
5 Vgl. Tillman (2019).
6 Vgl. Kahnemann (2011) und Sunstein & Thaler (2008).
7 Vgl. hier die Argumentation in Schulenburg & Krummaker (2010) für Unternehmen.
8 Vgl. Brand (2015).

eigenen Verstandes zu bedienen."⁹ Das alte und zeitgleich brandaktuelle Motto der Aufklärung gewinnt wieder an Bedeutung.

Interessanterweise wirkt sich das altruistische Motto im Kontext der Digitalisierung und der Marktwirtschaft deutlich brutaler als früher angedacht aus und lässt sich, um den Bogen zu den Wölfen zu schlagen, umdeuten zu: „Die Unternehmen, die es schaffen, zukünftig die selbstständigsten und weitsichtigsten Mitarbeiter an sich zu binden und sich trauen, selber (international) mit digitalen Lösungen anzugreifen, werden langfristig zu den Jägern des Nationalparks Versicherungsbranche aufsteigen, während die anderen Unternehmen als Beute das Nachsehen haben werden."

Quellen

Brand, T. (2015): Kontrollierte Fehlschläge gehören dazu. In: Manager-Magazin. Link: https://www.manager-magazin.de/digitales/it/innovations-dilemma-braucht-risikobereitschaft-und-fuehrung-a-1044022.html, zuletzt aufgerufen am 26.11.2019.

Herzberg, F. (2003): Was Mitarbeiter in Schwung bringt. In: Harvard Business Manager.

Kahnemann, D. (2011): Thinking, fast and slow. Farrar, Straus and Giroux.

Pohl, S.; Nolte, L. (2019): Fragil. In Versicherungswirtschaft Ausgabe 11/2019 und 12/2019. Link: https://www.springerprofessional.de/fragil/17363668

Sunstein, C.; Thaler, R. (2008): Nudge: Wie man kluge Entscheidungen anstößt. Yale University Press.

Schulenburg, J.M.; Krummaker, S. (2010): Unsicherheit – Versicherung – Sicherheit? In Unimagazin, Forschungsmagazin der Leibniz Universität Hannover. Link: https://www.uni-hannover.de/fileadmin/luh/content/alumni/unimagazin/2010/sicherheit_56-58_krummaker.pdf, zuletzt abgerufen am 26.11.2019.

Tillman, R. (2019): Gelähmt vor lauter Beweglichkeit. In Süddeutsche Zeitung. Link: https://www.sueddeutsche.de/karriere/agiles-arbeiten-kritik-ing-1.4571035, zuletzt aufgerufen am 26.11.2019.

---

9 Kant (1784).

Eigentragung im Trend

Dr. Peter Reichard

Die zentrale Herausforderung für das Risikomanagement besteht darin, zu klären: Wieviel Risiko soll abgesichert werden, welche Risiken kann und sollte das Unternehmen selbst tragen? Neben der Risikokultur, die sich im Laufe der Zeit in einem Unternehmen etabliert hat oder die von der Geschäftsführung vorgelebt wird, wird diese Entscheidung selbstverständlich auch durch äußere Rahmenbedingungen beeinflusst: Wie robust ist die Kapitalstruktur eines Unternehmens, welche Anforderungen stellen Kunden und die Kapitalgeber? Daneben ergeben sich natürlich auch praktische Fragen: Benötige ich Versicherungszertifikate für einzelne Tochtergesellschaften, wer reguliert unsere Schäden?

Wir beobachten im Markt jedenfalls einen klaren Trend: Unsere Kunden beschäftigen sich wieder stärker mit dem Thema Eigentragung von Risiken, für die bisher klassischer Versicherungsschutz eingekauft wurde. Einen wesentlichen Treiber für dieses verstärkte Interesse am Thema Eigentragung sehen wir in einem veränderten Selbstverständnis von Risikomanagern. Die Einstellung in Unternehmen zum Umgang mit eigenen Daten hat sich in den letzten Jahren massiv gewandelt – der Wert, der in den unternehmenseigenen Daten liegt, wird zunehmend erkannt und auch systematisch genutzt. Die Digitalisierung vieler Geschäftsprozesse erlaubt heute eine viel genauere (und kosteneffiziente) Analyse von Risikotreibern und möglichen Risikoszenarien. Anbieter von Software-Lösungen drängen auf den Markt, die dem Risikomanager heute Instrumente zum Monitoring und zur Auswertung dieser Daten anbieten, die noch vor wenigen Jahren Aktuaren und Analysten in den großen Versicherungsunternehmen vorbehalten waren. Dieses bessere quantitative Verständnis der eigenen Risiken unterstützt die interne Diskussion über die richtige Strategie zum Thema Eigentragung versus Risikotransfer. Eine Modellierung, die Risiko und Risikoszenarien mit Hilfe von Erwartungswerten und Standardabweichungen verständlich und transparent macht, schafft dabei eine solide Entscheidungsbasis.

Das derzeitige Zinsniveau schafft weitere Anreize, über die Vorteile einer höheren Eigentragung nachzudenken. Die Rahmenbedingungen, die wir in der letzten Dekade in den Finanzmärkten gesehen haben, wie auch die bis vor kurzem noch sehr gute Konjunkturlage, haben in vielen Unternehmen die Bereitschaft erhöht, über eine höhere Eigentragung von Risiken nachzudenken. Auch in diesem Bereich stehen heute verlässliche Instrumente und Beratungsansätze zur Verfügung, mit denen sich die eigene Risikotragungsfähigkeit genauer ermitteln und der Einkauf von Versicherungsschutz optimieren lassen.

Nicht zuletzt auch die aktuellen Marktveränderungen in der weltweiten Industrieversicherung lassen Unternehmen die Option der Eigentragung intensiver prüfen: Nach vielen Jahren fallender Preise stiegen 2018 Prämien in vielen Sparten und Märkten; zahlreiche Versicherer leiden unter schlechter Profitabilität und sehen sich gezwungen, ihre Bestandsportfolios zu optimieren und Versicherungsbedingungen und Selbstbehalte anzupassen.

Herausforderungen der Eigentragung

Die Erhöhung der Eigentragung bringt allerdings oft erhebliche Herausforderungen mit sich – beispielsweise durch signifikant höhere Selbstbehalte im Schadensfall. Während dies aus Sicht des Gesamtunternehmens häufig problemlos darstellbar ist und auch in der konsolidierten Bilanz und Gewinn- und Verlustrechnung kaum Spuren hinterlässt, stellt sich die Situation aus Sicht einer kleineren Tochtergesellschaft, die vielleicht in einem schwierigen ausländischen Markt agiert, ganz anders dar. Ein lokaler Großschaden stellt für eine solche Tochtergesellschaft zunächst und ganz unmittelbar eine massive Herausforderung dar, sind doch ihre operativen Abläufe beeinträchtigt und womöglich auch Kunden- und Zuliefererbeziehungen belastet. Wird der Tochtergesellschaft in einer solchen Situation auch noch ein ganz erheblicher Selbstbehalt unter einer Versicherungspolice abverlangt, so kommen zu den operativen Herausforderern und „Bremsspuren" im Ergebnis noch die finanziellen Belastungen hinzu. Aus lokaler Sicht wird ein Versicherungskonzept mit hohen Selbstbehalten daher häufig als ungenügend betrachtet.

Glücklicherweise stehen heute Lösungen zu Verfügung, die es ermöglichen, im Rahmen internationaler Versicherungsprogramme weiterhin lokale Deckungen mit einer niedrigen Selbstbeteiligung des lokalen Versicherten bereitzustellen und dennoch, durch innovative Prämienstrukturen, eine deutliche höhere Eigentragung auf Ebene des Unternehmensverbundes zu ermöglichen. Wir haben solche Strukturen in den letzten Jahren bereits erfolgreich im Markt umgesetzt.

Auch hier wirken sich die Vorteile einer stärkeren Digitalisierung und allgemein einer besseren Datenqualität positiv aus. Der Aufwand und die Komplexität, ein internationales Versicherungsprogramm zu implementieren, lässt sich durch Automatisierung und IT-System-Integration deutlich reduzieren – Datenqualität und -verfügbarkeit vorausgesetzt. Das verbessert die Möglichkeiten, die Zuweisungen von Prämien an die einzelnen Konzernteilgesellschaften in einer Art und Weise vorzunehmen, die dem Risiko angemessen ist und den steuerlichen Anforderungen genügt. Zugleich eröffnen sich Gestaltungsspielräume, durch eine dynamische und schadensabhängige Zuweisung von Prämien wirksame Anreize zur Optimierung des Risikomanagements innerhalb des eigenen Unternehmens zu setzen. Wiederum sind es Daten, etwa aus dem Bereich Risk Consulting, die Rückschlüsse auf die Risikoexponiertheit und Sicherheitskultur in den einzelnen Unternehmensbereichen erst ermöglichen.

Kurz- und mittelfristige Betrachtung

Die Entscheidung, die Eigentragung im eigenen Unternehmen deutlich zu erhöhen, wird nach unserer Einschätzung ganz überwiegend aus mittel- bis langfristigen, strategischen Überlegungen heraus getroffen, auch wenn der kurzfristige Auslöser vielleicht eine aktuell anstehende Prämienerhöhung sein mag. Aus Sicht eines Unternehmens kann es durchaus Sinn machen, gewisse Risiken, die bisher traditionell versichert werden konnten, in die Eigentragung zu nehmen. Oft ist man im eigenen Haus davon überzeugt, ein signifikant „besseres Risiko" darzustellen als andere Unternehmen der Branche.

Am drängendsten stellt sich die Frage einer höheren Eigentragung aber natürlich nach einem Großschadensereignis im eigenen Unternehmen. Zusätzliche Investitionen in Schadensprävention und eine Verbesserung der Risikokultur brauchen Zeit. Hier hat die Unternehmensleitung einen deutlichen Informationsvorsprung gegenüber den Versicherern, die nach einem solchen Großschaden erst einmal abwarten, ob sich Verbesserungen im Risikomanagement auch tatsächlich in den Schadensstatistiken niederschlagen. Eine deutliche Erhöhung der Eigentragung kann in einer solchen Situation ein starkes Signal an die Versicherer senden, dass die Geschäftsleitung Vertrauen in die Wirksamkeit der durchgeführten Maßnahmen hat und dies auch durch finanziell unterlegt – nach dem Motto: *„Put your money where your mouth is"*.

Wenn sich ein Unternehmen dazu entschieden hat, die wirtschaftlichen Auswirkungen bestimmter Risiken nicht mehr vollständig an den Versicherungsmarkt zu transferieren, sondern in einem begrenzten Umfang im eigenen Unternehmen zu belassen, stellt sich allerdings noch das Problem der Volatilität: Aus einer mittel- bis langfristigen Perspektive erscheint die höhere Eigentragung wirtschaftlich vorteilhaft, wenn die zu erwartenden Schäden, über einen längeren Zeitraum gemittelt, unter den zu erwartenden Prämien und sonstigen Administrationskosten liegen.

Kurzfristig kann ein Großschadensereignis, das in den nun deutlich höheren Selbstbehalt fällt, allerdings einige Probleme verursachen: Der geplante (und vielleicht auch bereits an den Kapitalmarkt kommunizierte) Unternehmensgewinn wird belastet, die Liquiditätsplanung muss umgestellt und andere Projekte verschoben werden, um kurzfristig Mittel freizumachen. Selbstverständlich trifft das nicht auf alle Unternehmen zu, aber erstaunlich oft kommt es zu solchen Komplikationen, wenn ein „nicht ausreichend versichertes" Risiko eingetreten ist und das Unternehmen nun mit den unmittelbaren Folgen umgehen muss.

Glücklicherweise gibt es auch hier innovative Lösungsansätze. So empfehlen wir Kunden über eine langfristige „Risikotragungspartnerschaft" mit einem Versicherer nachzudenken. Grundlage dieses Ansatzes ist ein mehrjähriger Versicherungsvertrag, der Mechanismen enthält, die eine dynamische Prämienanpassung (nach oben und unten) vorsieht, je nach Schadenverlauf des Vertrages. Ziel eines solchen Vertrages ist aber nicht ein weitgehender Transfer von Risiken an den Versicherer, wie das bei einer traditionellen Versicherung der Fall ist; denn das Unternehmen hat sich in diesem Fall ja dafür entschieden, das Risiko in der Eigentragung zu belassen. Durch eine geschickte Kombination von Deckungselementen und dynamischen Prämien-Mechanismen lassen sich Vertragsstrukturen entwickeln, die auf mittlere und längere Sicht die vom Unternehmen gewünschte Eigentragung herbeiführen, im aktuellen Geschäftsjahr aber wie eine traditionelle Versicherung wirken.

Im Schadensfall kommt es dann zu einer Auszahlung unter der Police, die in der Gewinn- und Verlustrechnung ausgewiesen wird. Über die Gesamtlaufzeit der Versicherung sollte es dann allerdings möglichst zu einem (zumindest teilweisen) Ausgleich von Schäden und Prämien kommen, nicht für jeden einzelnen Fall, aber doch innerhalb der Erwartungswerte. Hier ist allerdings zu berücksichtigen, dass ein solcher Vertrag aus rechtlichen Gründen nur dann als Versicherung gilt, wenn der Versicherer ein gewisses Risiko über die Laufzeit des Vertrags übernimmt und unter einem solchen Vertrag mit einer gewissen Wahrscheinlichkeit einen auch substantiellen finanziellen Verlust erleiden kann.

Vorteile der Diversifikation der Risiken im eigenen Unternehmen

Solche Versicherungsverträge, die eine Risikopartnerschaft zwischen Versicherer und Versicherungsnehmer begründen, beruhen primär auf dem Prinzip der Diversifikation über die Laufzeit: Es kommt zu einem Ausgleich zwischen Phasen mit hoher Schadenslast und solchen mit niedriger Schadenslast; ein solcher Ausgleich ist erst über einen längeren Zeitraum zu erwarten, weshalb diese Verträge typischerweise eine feste Laufzeit von mehreren Jahren haben (Diversifikation über die Laufzeit). Darüber hinaus lassen sich weitere Diversifikations-Effekte nutzen, wenn derartige Mehrjahres-Verträge eine Bandbreite von Risiken decken, statt sich nur beispielsweise auf die Sachversicherung zu begrenzen. Die Deckung verschiedener Risiken, die im Idealfall nur eine geringe Korrelation aufweisen, erlauben Sublimitierungen, die zu Streuungs- und Steuerungseffekten führen. Dies ermöglicht es wiederum, den Versicherungsschutz – im Sinne einer Risikotragungspartnerschaft – auch auf solche Risiken zu erweitern, die einzeln nicht oder nur sehr schwer zu versichern sind. Dies gilt z.B. für die immer wichtigeren immateriellen Vermögenswerte wie Reputation und Intellectual Property oder auch Cyber. Eine solche Lösung bewegt sich dabei zwischen den Polen einer Eigentragung (bei der im Schadensfall das Eigenkapital des Kunden beansprucht wird) und eines vollumfänglichen Risikotransfers (bei dem das Eigenkapital des Versicherers beansprucht wird). Aus Sicht des Kunden sollte dabei allerdings der Gedanke der Eigentragung im Vordergrund stehen, das Risikotransfer-Element dient hier nur der Optimierung der Lösung, indem es einige der unerwünschten Effekte der Eigentragung minimiert, wie etwa eine unerwünschte Volatilität im Jahresergebnis.

Beispiel für eine innovative Risikopartnerschaft

Ein Beispiel hierfür ist der Bau und Betrieb einer Mautbrücke durch ein Privatunternehmen, bei dem neue Baumaterialien und -techniken zur Anwendung kommen und das Unternehmen auf eine Fremdfinanzierung angewiesen ist. Viele Banken machen eine solche Finanzierung vom Abschluss einer Versicherungsdeckung abhängig. Während der Bauphase wäre das allem voran eine Montageversicherung. Allerdings könnte durch die Verwendung von neuen Materialien und/oder neuen Bautechniken die Prämie für eine konventionelle Deckung astronomisch hoch und die Police mit vielen Ausschlüssen versehen sein. Dies könnte sich negativ auf die Finanzierungsbedingungen auswirken.

In einem solchen Fall könnte der Versicherer das Risiko praktisch ohne Ausschlüsse übernehmen, eine zunächst geringe Basisprämie verlangen, dafür im Schadenfall jedoch eine Zusatzprämie erheben, die sich – nach der Fertigstellung der Bücke – aus der Zahl der Nutzer errechnet, die während eines bestimmten Zeitraumes Maut entrichten. Das Risiko des Versicherers verlagert sich dadurch vom eigentlichen Schadensereignis während der Bauphase hin zu der Unsicherheit, wie viele Nutzer während des vorab festgelegten Zeitraumes Maut entrichten. Aus Sicht des Kunden hat das den Vorteil, dass bei Schadenfreiheit die Versicherungskosten bedeutend geringer ausfallen. Im Falle eines Schadeneintritts während der Bauphase kann der Kunde die dann fällige Zusatzprämie über mehrere Jahre verteilt aus den laufenden Einnahmen finanzieren. Im Sinne einer Risikotragungspartnerschaft zwischen Kunde und Versicherer wird das Risiko geteilt und ausbalanciert: Da die Höhe der Zusatzprämie an den laufenden Einnahmen ausgerichtet ist, kommt es bei guter Ertragssituation zu einer etwas höheren Belastung, bei schwacher Ertragslage aber reduziert sich der Aufwand für die Versicherungsprämie.

Regulation and Innovation/Digitalization: two mutually exclusive areas in Operational Risk Management?

Rolf Lenherr

This article gives a perspective of the changing landscape of operational risk (OpRisk) driven by an interconnected digital age and increasing regulations. It examines the need towards integrating all OpRisks related activities to a holistic and agile governance, risk and compliance (GRC) approach for a smart way of managing OpRisks and keeping pace with business dynamics, regulatory changes and emerging risks.

Introduction

Managing risk is at the core of managing any organization. In recent years, risk management (RM) has become more and more popular. However, many RM systems focus too much on the management of financial risks. An enterprise risk management (ERM) perspective equally takes into account strategic, operational, financial, and hazard risks.

Operational risk management (ORM) began in the 1990s.[1] At that time, operational risk (OpRisk) was everything other than credit, market and financial risk. It was the residual risk not covered by other risk categories. Since then, ORM is going through a process of continuous change. Still, compared to other risk categories, structured work on OpRisk appears less well developed among many insurers.

The main reasons for introducing ORM were regulatory pressure and the protection from OpRisk losses. Following a number of high-profile company failures and large operational losses during the financial crisis 2007/2008, companies were forced to implement tools and techniques for ORM.

---

1 Kalia, V./Müller, R. (Ed.) (2019), p. 56–59.

Definition of Operational Risk

Basel II defines OpRisks as the "risk of loss resulting from inadequate or failed internal processes (e.g. failure in the design and execution of underwriting), people (e.g. human errors) and systems (e.g. deficient tools) or from external events (e.g. natural disasters)."[2] The definition encompasses legal and compliance risks as well as Financial Reporting Risks (FRR), but not strategic and reputational risks.[3]

There are seven risk categories of the Basel II OpRisk event types:[4]

– Employment Practices and Workplace Safety (e.g. Workplace Discrimination)

– Internal Fraud

– External Fraud

– Damage to Physical Assets (e.g. Natural Disasters)

– Disruption of Business and System Failures (e.g. Utilities)

– Execution, Delivery and Process Management (e.g. Inadequate Design of Process)

– Clients, Products and Business Practices (e.g. Negligent Failures)

Governance Structure for ORM: The Three Lines of Defense Model

ORM is best with three separate lines of defense regardless the size of the organization. The three lines of defense model is the most common governance structure for ORM:

– The first line of defense (operational management) is in charge of the day-to-day RM as process owners. Control or management tester perform regularly testings of design (ToD) and effectiveness (ToE) of the internal control system (ICS).

– The second line of defense (RM and legal/compliance) oversees the RM framework and helps operational management to make

---

2 Basel Committee on Banking Supervision (2006), p. 144.
3 Kalia, V./Müller, R. (Ed.) (2019), p. 41.
4 Basel Committee on Banking Supervision (2006), p. 305–307.

sure that the design and effectiveness of the first line of defense are as planned.
- The third line of defense (internal audit) has the highest level of objectivity and independence within the organization providing assurance of the effectiveness of the first and second line of defense.
- External audit and regulators can be seen as fourth line of defense giving assurance to the shareholders. In regulated industries such as insurance, they have an important role in the overall governance structure of the organization. They perform independent and objective assessments of the first, second or third line of defense.

Trends in Operational Risk

The importance of OpRisk has grown exponentially in the last decade. There are three primary driving forces behind this trend:

1. Growing number of OpRisk losses related to digitalization
2. Increasing regulatory attention
3. Digitalization and technological advances

Growing Number of Operational Risk Losses related to Digitalization

The operational losses associated with the failure to manage OpRisk can be very substantial.[5] Consequently, the significance of OpRisk continues to grow in importance across the globe. One of the most prominent sources of large OpRisk losses is internal/external fraud. All employees should inform the company about possible operational losses. ORM assesses and monitors these OpRisks and prepares risk mitigating strategies and actions.

The OpRisk losses related to digitalization and technological advances (e.g. Cyber Risks) are increasing. On the other hand, the frequency and magnitude of "non-digital" OpRisk losses will decline,

---

5 Hopkin, P. (2018), p. 353–362.

as automation reduces human error and new surveillance techniques improve the detection of inappropriate employee behavior.[6]

The benefit of ORM is the result of a systematic way of identifying, analyzing, managing and controlling all the relevant OpRisks. To be effective, ORM must be part of the daily business and should be lived throughout the whole company.

Increasing Regulatory Attention

Compliance risks have mushroomed globally due to increased regulatory oversight and intense regulatory scrutiny. All internal and external guidelines and rules that have to be adhered to and complied with, lead to considerable and increasing compliance risk potentials.

Compliance functions have to do more for fewer budgets. Every year, not only the compliance awareness but also the compliance requirements are increasing. Therefore, companies must search for compliance risk approaches that are flexible and allow the identification of compliance areas.[7]

Law is one of the main drivers to enforce better corporate governance practices including RM. Compliance management and RM are closely linked together. The integration of OpRisk and compliance risk addresses the rising regulatory expectations. The benefit is that current OpRisk "silos" are integrated. Consequently, the coverage of gaps of emerging sources of OpRisk and compliance risk is addressed and improved.[8]

Increasing regulation, strict internal control mechanisms and the emergence of compliance risks led to the term of governance, risk and compliance (GRC). GRC is not a specific variant of RM, but instead is an approach for coordinating ORM with governance and compliance related activities.[9] The connection of systems, structures and processes between them increases the quality, efficiency, transparency and security of the ICS.

---

6 IIF/McKinsey (2017), p. 32–33.
7 Kalia, V./Müller, R. (Ed.) (2019), p. 67–68.
8 PwC (2016).
9 Toogood, R. (2016), p. 34–49.

Digitalization and Technological Advances

The efficiency and efficacy of ORM continue to be a top issue for OpRisk managers who need to show the value of ORM and foster innovation and digitalization and explore new techniques.

Emerging technology could be crucial and could have a great impact on the evolution of ORM. Emerging risks like big data, autonomous machines, internet of things (IoT), artificial intelligence (AI), robot advice/robotic process automation and new market players are transforming ORM. Many companies also consider the use of the cloud for ORM and blockchain technology to help secure data records in an almost instantaneous manner.[10]

Operational Risk Landscape and Emerging Risks 2019

Table 1 exhibits the top five ranking of the current and emerging OpRisks according to ORX Operational Risk Horizon 2019.[11] This study shows that the OpRisk landscape 2019 is dominated by digitalization. On the one side, companies need to have a watchful eye on conduct and fraud, but, on the other side, they also need to respond to digital disruption and information security. Another popular emerging risk that carries significant exposure to OpRisk are cryptocurrencies supported by blockchain technology (distributed ledger).[12]

Current Risks	Emerging Risks
Information security (including cyber)	Digital disruption and disintermediation
Conduct	Information Security (including cyber)
Fraud	Geopolitical and macroeconomic
Transaction processing	Regulatory compliance
Technology	Third party e.g., losses for failed transaction processing or process management e.g. data quality issues (data entry)

Table 1: Operational Risk Landscape 2019

---

10 Risk.net/IBM (2019), p. 8.
11 ORX (2019a).
12 Chapelle, A. (2019), p. 207–220.

While the benefits of outsourcing are widely recognized the downsides and risks such as compliance, legal, reputational, operational or information security risks are often not understood and managed properly. As a consequence, high fines by the regulator, reputational damage or a loss of market share could be seen in the past. To mitigate these risks a robust third party risk management (TPRM) framework is required.

Consequences and Possible Developments for the Three Lines of Defense

Looking into the future, companies will adopt proactive and agile ORM programs and say "goodbye" to defensive and reactive approaches. More ORM responsibilities will shift into the first line of defense. Such companies will be able to better anticipate and mitigate risk events. The first line of defense will have to enhance the level of challenge to the business in an increasingly complex environment. ORM will need to be so intuitive that it becomes part of employee routines.

The first line of defense will increasingly use GRC technology tools, which will guide the employees through workflows towards making the right decisions.[13] Developing intuitive and user-friendly tools will help the first line of defense to better manage OpRisks.[14] The more intuitive the design of the tools is (combination of AI and enhanced user experience), the more the first line of defense will take an active role in making risk aware decisions. Companies that increase efficiency with those tools and empower the first line of defense will be rewarded with successfully managing regulatory change while fostering innovation at the same time.

The second line of defense will have a role as strategic advisor and focus more on the design and implementation of the ORM Framework. The collaboration with the first line of defense will be crucial. The goal will be to challenge the first line of defense and foster risk-based decisions. A key focus will be the coordinated efforts between the first line of defense and the other lines of defense, so that the ef-

---

13 MetricStream (2019).
14 Risk.net/IBM (2019).

forts will be aligned ("one view"). The second and third line of defense will need to move closer to the business to get a better understanding of the business processes in order to be able to add value as strategic advisor.

Consequences for the Professionalization of Operational Risk Managers

ORM is a people business. Therefore, OpRisk managers need to communicate effectively.[15] Those involved in the future of ORM will be expected to continuously develop their qualifications. Most organizations actively support the attainment of professional qualifications in RM. Improving the OpRisk awareness of every employee is one of the most crucial points on the ORM agenda. The need for OpRisk managers to be skilled, knowledgeable and credible is increasingly important with the growing complexity. OpRisk managers need to foster knowledge exchange and best practices, participate in risk workshops and conferences and be aware of emerging risks.

Need for an Operational Risk Umbrella

OpRisk frameworks and governance structures are well established. Nevertheless, they need to be improved as a core enabler for the future. Effective ORM needs standards. Many ERM frameworks give some insights into RM (e.g. COSO[16] ERM). OCEG provides a more in-depth context than COSO ERM. It has published the GRC capability model (version 3.0) in its red book as the core standard for GRC. As an integrated GRC approach, the capability model is built on the concept of principled performance. The framework is flexible and can be used entity-wide or for a specific ORM program. It combines various good practices to enhance the ORM processes.[17]

ORM excellence is a close interlocking between governance, risk and compliance.[18] Boundaries between GRC functions will break up in

---

15 Chapelle, A./Sankey, E. (2016), p. 50–71.
16 Committee of Sponsoring Organizations of the Treadway Commission.
17 OCEG (2019).
18 EY (2015).

order to make a greater integration possible.[19] Holistic GRC approaches must move toward a more expansive definition of OpRisk integration that addresses diverse OpRisk areas.[20] ORM needs to step up and form an umbrella function for all OpRisks including those overseen by experts outside ORM (e.g. compliance risks, IT security risks/cyber risks).[21] There are four benefits of an OpRisk umbrella:[22] Agility, effectiveness, efficiency and consistency/completeness. An integrated ORM adds value with consolidated key data, common risk taxonomy and standardized tools. Organizations should implement integrated ORM programs to ensure that they stay resilient. OpRisk is often the origin of reputational impact, which is increasing in the light of cyber risks. The interrelationship between strategic risks and OpRisks is becoming increasingly impactful. A seemingly minor OpRisk event can have a great impact on a strategic decision.

Outlook

In 2010, the question was raised whether ORM will be any different ten years later in 2020 and be the guardian of the best RM practices or if it will progressively lose relevance.[23] The answer is that ORM has gained more importance, and as it continues to mature, organizations are beginning to include predictive analytics and modelling.[24] Digital and disruptive technology, regulatory compliance and geopolitical crisis are new world challenges, which the digital economy faces. Consequently, ORM is entering a new development phase. The use of new digital and intelligent tools and technologies such as machine learning and blockchain marks the starting point of intelligent OpRisk and compliance solutions.

OpRisk managers should promote risk awareness and foster building a robust OpRisk culture.[25] Risk aware employees realize the importance of effective GRC and will incorporate GRC into their daily hab-

---

19 Otremba, S. (2016).
20 Accenture (2015), p. 9.
21 McKinsey/ORX (2017).
22 ORX (2019b).
23 Scandizzo, S. (2007).
24 Deloitte (2019).
25 Jackson, P. (2014).

its and routines. The GRC platforms will help them to develop and establish a desirable and strong OpRisk culture.[26]

The developments in technology and empathy ("EMPATechnology") could change ORM in the future too. With so many organizations moving towards some form of digital business today, shifting the focus to digital risk management (DRM) makes absolutely sense.[27] DRM, or more specifically digital ORM, integrates RM with digital business components like mobile, big data, social media and cloud.

Conclusion

The need to manage OpRisks in a more agile and responsive manner becomes increasingly urgent. An integrated and adaptable ORM approach can better keep pace with the fast-changing digital world. ORM needs to be agile in a world of increasing and changing regulations, so that it is flexible to drive innovation.[28] The future of ORM is based on an adaptive approach through transparent and real-time collaboration in order to foster trust and secure relationships.

ORM will consolidate several different risk areas. A reduction of OpRisk "silos" between the three lines of defense due to better connections will be the result. Some companies, however, will not strive for this integration, because they see more value in an integration of risk with planning and controlling systems, or the synergies do not seem that big for them, or they value taking business risks and chances higher than eliminating and reducing OpRisks.

Big data, advanced analytics, correlation and root cause analysis as well as predictive risk intelligence will enable OpRisk managers to identify patterns and trends that will help to manage OpRisks more efficiently and reduce overall OpRisk losses in the future. Such technics improve the effectiveness of OpRisk programs e.g. in fraud prevention or regulatory reporting. On the other hand, the composition of operational losses will change with a higher prominence of digital, AI and analytics driven OpRisks (e.g. cyber risks).

---

26 Corestream (2013).
27 Hunziker, S. (2019), p. 209–234.
28 EY (2017), p. 28–40.

OpRisk Managers will have to acquire new skills for data analytics, behavioral science, machine learning and AI. Major challenges are the scarce talents having combined knowledge of OpRisk, data science and technology. As a result, OpRisk Managers with those skills will play a more important role at senior management and board level influencing strategy and decision-making.

References

Accenture (2015): Reaping the Benefits of Operational Risk Management, https://www.accenture.com/t20150715t045908__w__/mu-en/_acnmedia/accenture/conversion-assets/dotcom/documents/global/pdf/industries_6/accenture-reaping-the-benefits-of-operational-risk-management.pdf (09.10.2019).

Basel Committee on Banking Supervision (2006): International Convergence of Capital Measurement and Capital Standard, https://www.bis.org/publ/bcbs128.pdf (06.10.2019).

Chapelle, A. (2019): Operational Risk Management, Chichester: Wiley.

Chapelle, A./Sankey, E. (2016): Operational Risk Management, in: The Risk Management Handbook: A Practical Guide to Managing the Multiple Dimensions of Risk, London: Kogan Page, p. 50–71.

Corestream (2013): A Cultural Guide to GRC, https://www.corestream.co.uk/wp-content/uploads/2018/01/CoreStream-Fostering-a-GRC-Culture-copy.pdf (08.10.2019).

Deloitte (2019): The Future of Operational Risk Management: Evolving Data Architectures, https://www2.deloitte.com/content/dam/Deloitte/us/Documents/regulatory/predictive-analytics-in-the-operational-risk-framework.pdf (24.10.2019).

EY (2015): Risk Governance 2020: From Satisfactory to Effective and Sustainable, https://www.ey.com/Publication/vwLUAssets/Risk_Governance_2020:_From_satisfactory_to_effective_and_sustainable/$FILE/EY-Risk%20Governance%202020.pdf/ (08.10.2019).

EY (2017): Agile GRC, Volume 9, Issue 3, https://consulting.ey.com/agile-grc-a-new-approach-to-governance-trust-and-risk-in-the-digital-age/ (14.10.2019).

References

Hopkin, P. (2018): Fundamentals of Risk Management: Understanding, Evaluating and Implementing Effective Risk Management, The Institute of Risk Management (IRM), 5th Ed., New York: Kogan Page.

Hunziker, S. (2019): Enterprise Risk Management, Wiesbaden: Springer Gabler Verlag.

IIF/McKinsey (2017): The Future of Risk Management in the Digital Era, https://www.mckinsey.com/~/media/McKinsey/Business%20Functions/Risk/Our%20Insights/The%20future%20of%20risk%20management%20in%20the%20digital%20era/Future-of-risk-management-in-the-digital-era-IIF-and-McKinsey.ashx (24.10.2019).

Jackson, P. (2014): Risk Culture and Effective Risk Governance, London: Risk Books.

Kalia, V./Müller, R. (Editors) (2019): Risk Management at Board Level, Bern: Haupt Verlag.

McKinsey/ORX (2017): The Future of Operational Risk, https://managingrisktogether.orx.org/research/future-operational-risk (17.10.2019).

MetricStream (2019): GRC 2019: The Known Unknowns, https://www.metricstream.com/insights/GRC-2010-the-known-unknowns.htm (16.10.2019).

OCEG (2019): GRC Capability Model, Version 3.0, OCEG Red Book, https://go.oceg.org/grc-capability-model-red-book (22.10.2019).

ORX (2019a): Operational Risk Horizon 2019, https://managingrisktogether.orx.org/sites/default/files/downloads/2019/09/orxoperationalriskhorizon2019summaryreport.pdf (17.10.2019).

ORX (2019b): Operational Risk: The Umbrella Function, https://managingrisktogether.orx.org/research/operational-risk-umbrella-function (21.10.2019).

Otremba, S. (2016): GRC-Management als interdisziplinäre Corporate Governance, Wiesbaden: Springer Gabler Verlag.

PwC (2016): Let's Make a Difference: Managing Compliance and Operational Risk in the New Environment, https://www.pwc.ch/de/publications/2016/pwc_fs_viewpoint_e.pdf (26.09.2019).

Risk.net/IBM (2019): The Evolution of GRC: New Tools for the First Line of Defence, Risk.net, Survey Report & White Paper, https://www.ibm.com/downloads/cas/5QGBKWDB (17.10.2019).

Scandizzo, S. (2007): The Operational Risk Manager's Guide, London: Risk Books.

Toogood, R. (2016): Governance, Risk and Compliance, in: The Risk Management Handbook: A Practical Guide to Managing the Multiple Dimensions of Risk, London: Kogan Page, p. 34–49.

Die Finanz-Norm DIN 77230 – ignorieren oder davon profitieren?

Lars Georg Volkmann

Versicherungen sind ein anspruchsvolles Produkt. Das weiß jeder, der einmal Versicherungen selbst verkauft hat. Das weiß aber auch jeder, der als Kunde seine Altersvorsorge regeln will oder die Absicherung seiner Familie. Denn bei Versicherungen will doch jeder Kunde wissen: Was brauche ich wirklich? Hier sucht der Kunde die Information im Internet und durch die Beratung von Menschen, die sich auskennen und denen er vertraut.

Diese Beratung lief lange Zeit über zwei Ebenen: zum einen die Sachebene der Vermittlung von Information über die Breite der Versicherungsprodukte und ihre Leistungen – doch dafür gibt es heute das Internet und der Kunde nutzt es ausgiebig. Zum anderen lief die Beratung über die Beziehungsebene: Der Kunde kannte einen Vermittler, und der wusste, was man brauchte.

Doch diese Zeiten sind vorbei. Die Beratung verändert sich: Sie wird vermehrt organisiert, strukturiert und standardisiert. Der Grund dafür ist auch klar: die Regulatorik und der Verbraucherschutz.

Durch die DIN 77230 kann das endlich neutral analysiert werden. Die Norm macht es schwieriger, den Kunden zu überreden – es gilt, ihn zu überzeugen!

Diese Norm wurde im Frühjahr 2019 verabschiedet, vorher über mehrere Jahre freiwillig entwickelt, unter dem Dach des DIN-Instituts, gemeinsam mit fachlicher Expertise der Versicherungswirtschaft, mit dem für Verbraucherschutz zuständigen Bundesministerium für Justiz sowie der Stiftung Warentest/FinanzTest. Die VPV hat sich an der Erarbeitung der Norm bereits früh beteiligt. Und wir sind die erste Versicherung in Deutschland, die normkonform analysiert, und haben seit 2016 über 400 Berater dafür qualifiziert.

Nun lässt sich eine finanzielle Bestandaufnahme des Kunden auf verschiedenen Wegen vornehmen. Doch im Unterschied zu allen anderen hat die DIN-Analyse gleich mehrere Vorteile: Sie ist neutral und unabhängig und sie liefert eine Ist-Situation zu einem Stichtag mit konkreten Zahlen. Deshalb ist die Analyse entscheidend. Nur dann bringt die Beratung wirklich was.

Denn die Norm wirkt am stärksten dort, wo für den Kunden viel auf dem Spiel steht – bei den großen Lebensthemen und Risiken: Familie absichern, Altersvorsorge, Pflege. Durch die DIN-Norm kann das neutral analysiert werden. Gemeinsam mit dem Kunden, dem Berater sowie einer zertifizierten Software, die alles Wichtige erfasst.

Die Analyse nach DIN: Kriterien und Bedarfsstufen

Die Analyse nach DIN erfasst insgesamt mit 42 Kriterien die finanzielle Situation des Kunden. Dabei werden drei Bedarfsstufen betrachtet: die Sicherung der Existenz, der Erhalt des Lebensstandards oder die Erhöhung des Lebensstandards im Alter. Damit kann jeder Kunde die für ihn entscheidenden Fragen beantworten: Was will ich und was muss ich dafür tun?

Das kann durchaus unterschiedlich sein. Denn welche Bedarfsstufe mit den eigenen Finanzen erreicht werden kann, hängt von einzelnen Lebensumständen und Parametern ab. Deshalb ist eine Analyse wichtig, die standardisiert und zugleich umfassend alle Finanz- und Lebensbereiche abdeckt.

Was wird nun in der Analyse erfasst? Insgesamt sind es 42 Felder mit Finanzkriterien in drei Stufen. In der Grundstufe „Sicherung des finanziellen Grundbedarfs" sind es 22 Themenbereiche. Zum Beispiel wird die Pflege bereits in der Grundstufe auf Rang 6 behandelt. Für eine normgerechte Analyse gilt Pflege also als fundamental wichtig. Darauf aufbauend folgt das Halten des heutigen Lebensstandards mit Stufe 23 bis 40 und die Verbesserung des Lebensstandards wird in den Stufen 41 und 42 erfasst.

Die Analyse ist fix, variabel hingegen ist die Bedarfsstufe, was man sich aufgrund der Basisanalyse im Alter leisten können wird. Mancher wird feststellen, dass bei unveränderter Finanzkonstellation weniger Spielraum vorhanden ist als bisher angenommen. Jetzt erhält der Kunde ein Wissen über die zu erwartende Lücke und kann auch entscheiden, auf welche Weise er sie schließen will ... oder auch nicht.

Die Norm nutzt Kunden und Finanzberatern gleichermaßen

Hier hat die Norm eine deutlich erkennbare Auswirkung und zwar zugunsten des Kunden. Der Berater kann nicht mehr schon vorher wissen, was der Kunde nachher brauchen wird – nämlich genau das, was er ihm ohnehin verkaufen wollte.

Die Norm schafft damit eine neue Qualitätsebene. Der Berater arbeitet jetzt wie eine ordentliche Autowerkstatt. Da wird nicht gleich drauflos geschraubt, sondern erstmal gründlich analysiert. Und erst nachdem klar ist, was gemacht werden muss, greift man zum Schraubenschlüssel.

Die Norm zur Basisanalyse von Privathaushalten hat einen umfassenden Entstehungsprozess über mehrere Jahre hinter sich, unter dem Schirm des DIN-Instituts, einer unabhängigen, weltbekannten Institution, die großes Vertrauen genießt. Gerade Vertrauen hat die Finanzdienstleistungsbranche zuletzt deutlich eingebüßt. Hier macht die Norm dem Kunden klar: Wer nach DIN berät, spielt sauber.

Aus diesem Grund wird die Norm auch von so unterschiedlichen Akteuren getragen wie dem Verbraucherschutz-Ministerium und der Stiftung Warentest. Es ist das gemeinsame Interesse, das die Norm künftig als den Standard im Markt setzen wird. Schon jetzt wird für die Banken an einer DIN 77232 gearbeitet für die Vermögens- und Risikoanalyse von Privathaushalten.

Das Deutsche Institut für Normung (DIN) würdigte auf besondere Weise den Nutzen der neuen Finanznorm für die Finanzbranche und damit für die Kunden: Das DIN prämiert die Finanzanalyse-Norm 77230 mit dem Anwenderpreis 2019. Von den jährlich rund 2.000 neuen Normen zeichnet das DIN eine Norm aus, die eine Breitenwirkung durch ihren Nutzen für Anwender erwarten lässt.

Normen liefern mehr als Meinungen, sie liefern Fakten. Die Analyse nach DIN hilft, beides sauber zu trennen. Der Finanzsektor kann ein solches Instrument auch gut gebrauchen, damit die Menschen ihm wieder mehr vertrauen können.

Das Missverständnis: „Individuell" heißt nicht „ungeregelt"

In fast allen Bereichen des menschlichen Lebens folgen die Dinge einem regelhaften Ablauf, der einen Sinn hat und ein Ziel erreichen soll. Das ist im Straßenverkehr so oder in der medizinischen Behandlung, dort akzeptiert es jeder und fordert es sogar – also warum nicht in der Finanzberatung?

Nach meiner Einschätzung liegt es an einem Missverständnis des Begriffs „individuelle Beratung". Auf diesen Punkt weist auch Klaus Möller immer wieder hin, der als Vorstand des DEFINO-Instituts einer der Gründungsväter und maßgeblichen Initiatoren der neuen DIN-Finanznorm ist.

Denn individuelle Finanzberatung hieß für viele bisher, dass sich der Berater selbst verwirklicht im Kundenkontakt. Man könnte auch sagen: Viele Berater verhielten sich wie ein Koch, der seinen Gästen auf den Teller bringt, was ihm selbst am besten schmeckt – oder was eben „raus muss" aus der Küche. Ob das Gericht dem Gast schmeckt, ob er es verträgt, ob es nahrhaft ist oder ihm auf den Magen schlägt, spielte hier keine Rolle.

Die Finanzbranche hat sich bisher darauf verlassen, dass die Erfahrung des einzelnen Beraters dem Kunden mehr dient als ein systematisches, methodisches Vorgehen, das Ergebnisse auch vergleichbar macht. Lief es für den Kunden gut, lag es am guten Berater. Lief es für den Kunden schlecht, lag es am Zufall oder am Schicksal – also genau an den Dingen, die eine Finanzdienstleistung ja managen will, um sie für den Menschen berechenbar und tragbar zu machen.

Jeder Berater definierte für sich, wie er Kunden analysiert und berät. Damit werden Ergebnisse nicht vergleichbar – und für den Kunden nicht nachhaltig.

Die Norm nach einem Jahr: Wo steht sie, was bringt sie?

Wer nach der Einführung mit Unternehmen der Finanzbranche spricht, stellt fest: Viele beschäftigen sich mit der Norm und ihrer Umsetzung.

Was die Ergebnisse für das Geschäft betrifft, kann man auf einen Nenner gebracht sagen: Die Norm hilft im Vertrieb besonders der Mitte, weil durch regelkonforme methodische Analyse alles erfasst wird, was bisher im bauchgesteuerten Beratungsgespräch auch mal unbeachtet blieb. Nur wer vollständig und umfassend analysiert, kann dem Kunden wirklich die passenden Angebote unterbreiten.

Bei der VPV haben wir als Pionieranwender in der Versicherungsbranche festgestellt, dass die Vertragsdichte pro betreuten Haushalt erkennbar gestiegen ist. Aus Maklerpools ist zu hören, dass der konsequente Einsatz der Norm in der Analyse und Beratung im Durchschnitt rund 10 % mehr Geschäft generiert.

Auch der Pionieranwender im Bankenbereich, die Volksbank Emmerich-Rees, stellte fest: Zuerst gehen nach der Einführung die Umsätze zurück, denn es ist für Kunden wie Berater ungewohnt. Mittlerweile hat DIN-konformes Handeln in der Beratung der Volksbank die Provisionserlöse je Privatkundenberater um 162 % gesteigert.

Zur Ehrlichkeit gehört auch, anzuerkennen, welchen Grad der Komplexität eine solche Neuerung hat für einer Organisation wie einen Finanzdienstleister. Die DIN 77230 zu implementieren ist schon für mittelgroße Versicherer eine Herausforderung, sowohl in technischer Hinsicht wie auch von den Geschäftsprozessen her.

Das Defino-Institut verweist darauf, dass bei der Software ab 2020 acht Software-Tools zur Verfügung stehen, die auf vollständige Normkonformität zertifiziert sind, und für die Qualifizierung der Berater sechs Partnerinstitutionen arbeiten.

Derzeit allerdings sind die Versicherer noch zögerlich. Die Norm liegt auf dem Tisch, doch keiner greift beherzt zu. Kann das wirklich sein? Draußen im Markt stehen die Ruinen der Drücker und Vertriebs-Egomanen. Und jetzt kommen die Trümmerfrauen und bauen wieder auf. Genau das macht nämlich die Finanz-Norm: Sie baut Vertrauen wieder auf. Stück für Stück, Beratung für Beratung.

Norm der Zukunft – Zukunft der Norm?

In meinen Augen ist die Finanz-Norm die größte vertrauensbildende Maßnahme der letzten 20 Jahre für die deutschen Versicherer. Wenn die Branche es nicht schafft, daraus einen Nutzen zu machen, dann braucht sie sich um Amazon nicht mehr zu kümmern. Amazon & Co. kümmern sich dann um uns. Besser gesagt: um unsere ehemaligen Kunden.

Doch die Wende ist in Sicht, der Aufbruch hat begonnen. Das Umfeld für Finanzvertrieb ist kritisch – die Norm ist eine große Chance. Das allein ist schon Gold wert, und hat einen ökonomischen Nutzen. Die Finanznorm wird damit ein wichtiger Differentiator im Wettbewerb.

Die Norm hat sogar das Zeug dazu, zu einer Commodity zu werden wie das Smartphone. Erinnern Sie sich bitte: vor zehn Jahren musste man erklären, warum man ein Smartphone hat. Heute muss man eher erklären, warum man keines hat. Ich bin der festen Überzeugung: Bei der Norm wird das genauso. Die DIN 77230 wird Standard im Markt werden. Weil sie für den Kunden mehr bringt.

Das gilt gerade in Nullzins-Zeiten. Denn früher hat der Garantiezins für den Kunden vieles wettgemacht. Heute muss genau gerechnet werden. Hier hilft die Norm durch die Analyse dem Versicherten gleich zweifach: nämlich seine relevanten Risiken zu erkennen und zu entscheiden, wie er sie absichern will – und dabei kein Geld zu verschenken. Denn die Norm hilft dem Kunden, das zu bekommen, was er wirklich braucht.

Über den klassischen Risikotransfer hinaus: Innovative Deckungskonzepte für klimabedingte Risiken

Timo Engelbertz/Dr. Thomas Götting

Rund 80 % aller Wirtschaftssektoren sind von klimatischen Bedingungen beeinflusst.[1] Einerseits steigt der Meeresspiegel, andererseits kommt es zu extremen Hitzewellen und langanhaltenden Dürrephasen.[2] Als Folge von Katastrophenereignissen und anderen Naturphänomenen entstehen regelmäßig massive wirtschaftliche Verluste. Landwirte leiden unter Ernteausfällen, Erzeugern erneuerbarer Energien bleibt der Wind aus und Automobilherstellern verhagelt es das Geschäft. Nach Meinung von Experten sollen Frequenz und Höhe von klimabedingten Schäden weiter zunehmen, sodass der Klimawandel als bedeutendstes Risiko der Zukunft eingestuft wird.[3] Auf dem traditionellen Versicherungsmarkt können bestimmte klimabedingte Risiken gar nicht oder in nur sehr begrenztem Umfang versichert werden. Dazu gehören bspw. Ernteausfälle oder Betriebsunterbrechungen ohne vorangegangenen Sachschaden, z.B. aufgrund von Niedrigwasser. Mithilfe der Kombination von alternativen Versicherungskonzepten und neuen Technologien, wie Space Data Analytics, Internet of Things und Künstlicher Intelligenz, werden innovative Versicherungslösungen für eine neue Risikolandschaft entwickelt.

---

1 Vgl. Choudhary (2017): Weather Derivate: Another Need for India, in: Bilgin et al. (Hrsg.): Empirical Studies on Economics of Innovation, Public Economics and Management: Proceedings of the 18th Eurasia Business and Economic Society Conference, Cham, Springer, S. 116.
2 240 Mrd. Tonnen Eis schmelzen jährlich an den polaren Kappen der Antarktis. Zum Vergleich: Das Gewicht der Weltbevölkerung beträgt gerade mal 0,06 Mrd. Tonnen (siehe hierzu: Mrasek (2019): Polarkappen und Klima: Schmelzprozesse neu simuliert, Deutschlandfunk; Bar-On et al. (2018): The biomass distribution on Earth, in: PNAS, Jg. 115, Nr. 25, New Jersey, S. 6507).
3 Vgl. AXA, Eurasia Group (2019): Future Risks Report, S. 18.

Versicherung und Klima

Sollen klimabedingte Risiken versichert werden, scheitern traditionelle Versicherungslösungen oft an ihrer Komplexität und mangelnden Flexibilität. Aufgrund der notwendigen Schadengutachten bei Eintritt des Versicherungsfalls dauert es oft lange, bis Versicherungsnehmer eine Entschädigungszahlung erhalten. Dabei kann die schnelle Verfügbarkeit von finanziellen Mitteln gerade bei klimabedingten Schäden, wie Überschwemmungen oder Dürre, dazu beitragen, das gesamte Schadenausmaß, auch über den versicherten Teil hinaus, erheblich zu verringern.

Parametrische Deckungen gewährleisten adäquaten Versicherungsschutz für klimabedingte Risiken. Hierbei ist die Auslösung der Versicherung an die Über- bzw. Unterschreitung eines vorab definierten Schwellenwertes gekoppelt. Das sind Parameter, wie bspw. Windgeschwindigkeit oder Temperatur, die individuell festgelegt werden, um einen maßgeschneiderten Versicherungsschutz zu garantieren. Einzige Voraussetzung ist, dass zwischen Parameter und Risiko eine starke Korrelation besteht, sodass bei Betrachtung des Parameters verlässlich auf die Entwicklung des Risikos geschlossen werden kann. Sobald die Datenaufzeichnungen die Versicherung auslösen, wird automatisch eine Entschädigungszahlung bis zur Höhe der Deckungssumme veranlasst. Zur Messung werden Daten von offiziellen Statistiken sowie objektiven Datenanbietern bezogen, z.B. von Wetterdiensten. Überdies können private Messstationen verwendet werden, die über einen Drittanbieter verifiziert werden. Durch die Eindeutigkeit der vorliegenden Daten werden Unstimmigkeiten bezüglich der Entschädigungszahlung verhindert. Im Folgenden werden ausgewählte parametrische Deckungskonzepte vorgestellt.

Risiko: Niedrigwasser

Jährlich werden in Deutschland 223 Mio. Tonnen Fracht mit Schiffen transportiert, rund 85 % davon über den Rhein. Im Jahr 2018 sank der Pegel auf ein Rekordtief und obwohl Teile des Gütertransports auf Straßen- und Schienenverkehr umgeleitet werden konnten, entstanden erhebliche Folgen für Industrie, Versorger, Landwirte und die Binnenschifffahrt. Experten zufolge sollen aufgrund ausbleibender Niederschläge und erhöhter Verdunstung durch ungewöhnliche sommerliche Hitze zukünftig immer öfter derartige Niedrigwasserperioden eintreten.[4] Um massive ökonomische Schäden zu vermeiden und gleichzeitig für mehr Planungssicherheit bei betroffenen Unternehmen zu sorgen, wurden spezielle indexbasierte Versicherungslösungen entwickelt. Anhand offizieller Daten der Wasserstraßen- und Schifffahrtsverwaltung (WSV) wird der Pegelstand via Index abgebildet. Mit fallendem Pegelstand verringert sich die Ladekapazität der Schiffe, bis im schlimmsten Fall die Schifffahrt vollständig eingestellt werden muss.[5] Bei einer parametrischen Versicherung wird ein bestimmter Schwellenwert gemäß den individuellen Bedürfnissen des Versicherungsnehmers definiert, z.B. ein Pegel von 110 cm. Sinkt der Wasserstand unter diese Benchmark, entsteht Anspruch auf eine Entschädigungszahlung, die sich mit jedem weiteren cm linear erhöht. Alternativ können Entschädigungspauschalen vereinbart werden, die pro Tag mit kritischem Wasserstand fällig werden. Nach dem gleichen Prinzip können auch negative Auswirkungen von Hochwasser versichert werden.

Risiko: Hagel

Bei Sommerstürmen kommt es immer häufiger zu Hagelereignissen mit verheerenden Folgen für Umwelt und Wirtschaft.[6] Tausende Fahrzeuge auf den Abstellflächen von Autohändlern und -herstellern werden zerbeult, großflächig kommt es zu Ernteausfällen und zahlreiche Fassaden aus Glas oder Blech werden beschädigt.[7] Bei traditionellen Versicherungslösungen müssen Versicherungsnehmer i.d.R. mit hohen Selbstbehalten und aufgrund notwendiger Schadengutachten mit Verzögerungen der Entschädigungszahlung rechnen. Eine Hagelversicherung auf parametrischer Basis gab es bisher nicht, weil mit der

---

4 Vgl. Umweltbundesamt (2015): Klima: Niedrigwasser.
5 Am Pegel Kaub, dem bedeutendsten für die Schifffahrt auf dem Mittelrhein, beträgt der Wasserstand durchschnittlich ca. 230 cm (siehe hierzu: Wasserstraßen- und Schifffahrtsamt (2019): Stammdaten Pegel Kaub).
6 Vgl. Rädler et al. (2018): Detecting Severe Weather Trends Using an Additive Regressive Convective Hazard Model (AR-CHaMo), in: Journal of applied meteorology and climatology, Vol. 57, S. 586.
7 Vgl. Woppowa, Odenhausen (2014): Unwetterfront „Andreas" – 15 Minuten Hagelsturm mit katastrophalen Folgen, in: Insurance Issues, Ausgabe 2014, S 3.

existierenden Infrastruktur an Wetterstationen keine flächendeckende Erfassung von Hagelereignissen gewährleistet werden konnte. Bleibt der Großteil einer Region von Hagel verschont, kann es auf kleinflächigen Arealen trotzdem zu massiven Schäden durch Hagel kommen, ohne dass von den regionalen Wetterstationen ein Hagelereignis erfasst wurde. Um dieses Problem zu umgehen, kooperiert bspw. AXA mit einem Datenanbieter, der vor Beginn der Versicherungslaufzeit lokale Wetterstationen auf der versicherten Fläche installiert. Damit kann die Hagelgröße präzise erfasst werden und als Schwellenwert für die erste parametrische Hagelversicherung genutzt werden.

Risiko: Waldbrand

In Deutschland kam es im Jahr 2018 zu mehr als 1.700 Waldbränden. Dabei war die betroffene Fläche fast fünfmal so groß wie das jährliche Mittel der vergangenen 23 Jahre.[8] Im Westen der USA hat sich die Waldbrandsaison im Laufe der letzten Dekaden um 40 % verlängert. Beinahe jährlich kommt es zu einem tragischen Ereignis, das Menschenleben kostet und immense wirtschaftliche Schäden verursacht. Resultierend aus den steigenden Temperaturen ist die Vegetation einer erhöhten Trockenheit ausgesetzt. Gleichzeitig schmelzen die Schneedecken der umliegenden Berge früher, sodass sich die Trockenheitsphase verlängert.[9] Auf dem traditionellen Versicherungsmarkt fehlt es an Kapazität für das wachsende Risiko. Außerdem dauert das Schadengutachten oft bis zu einem Jahr und es wird regelmäßig nur Deckungsschutz für eine limitierte Anzahl an Brandereignissen gewährt. Häufiger kommt es allerdings durch mehrere kleine Feuer zu einem großen Waldbrand.[10] Im Schadenfall herrscht dann Unklarheit über das Schadensausmaß und den Entschädigungsanspruch. Inzwischen ermöglichen es Satellitenbilder von NASA und Copernicus unter Verwendung intelligenter Algorithmen, beliebig große Flächen mit beliebig vielen Brandherden parametrisch zu versichern. Dabei werden die von Waldbrand betroffenen Flächen

---

8 Vgl. Umweltbundesamt (2019): Land- und Forstwirtschaft: Waldbrände.
9 Vgl. UCSUSA (2013): Western Wildfires & Climate Change.
10 Vgl. Crowley et al. (2019): Generating intra-year metrics of wildfire progression using multiple open-access satellite data streams, in: Remote Sensing of Environment, Vol. 232, S. 8.

auf Pixelebene in Echtzeit identifiziert und gleichzeitig in ihrer Größe erfasst. Sobald ein bestimmter Anteil der Fläche verbrannt ist, wird die zuvor vereinbarte Entschädigungssumme fällig. Alle Beteiligten können das Risiko jederzeit über die frei zugängliche Plattform „MODIS" von NASA überwachen.

Risiko: Überflutung

Aufgrund von Überflutungen kommt es weltweit zu wirtschaftlichen Schäden in Höhe von 40 Mrd. UDS pro Jahr.[11] Neben den immensen Sachschäden entstehen Ernteausfälle, Betriebsunterbrechungen und wichtige Transportwege werden beeinträchtigt. Durch die hohe Wertekonzentration und Besiedlungsdichte der exponierten Küstenstandorte sowie den Auswirkungen des Klimawandels sollen sich die wirtschaftlichen Konsequenzen durch Überflutungen in Zukunft noch weiter verschlimmern.[12] Oft fehlt es an Warnsystemen, um frühzeitige Maßnahmen einzuleiten. Deuten sich Katastrophenereignisse an, ist v.a. eines gefragt: Schnelligkeit. Es bedarf unverzüglich Mitteln zur Evakuierung der betroffenen Bevölkerung sowie zur Einleitung von Schutzmaßnahmen, um den Geschäftsbetrieb zu sichern und Vieh bzw. bewegliche Gegenstände in Schutz zu bringen.[13] Im Markt werden bereits Konzepte entwickelt, die mit Etablierung einer Servicekomponente in Zukunft, über den reinen Risikotransfer hinaus und noch vor Eintritt einer Katastrophe, präventive Finanzierungsmaßnahmen realisieren sollen.

---

11 Vgl. Nunez (2019): Floods, National Geographic.
12 Vgl. OECD (2016): Financial Mangement of Flood Risk, Paris, S. 9.
13 Vgl. Weingärtner et al. (2019): Reducing flood impacts through forecast-based action: Entry points for social protection systems in Kenya, Sussex, S. 9.

Über den klassischen Risikotransfer hinaus

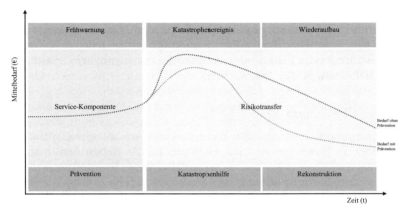

Abbildung: Mittelbedarf vor und nach Naturkatastrophen
Quelle: Eigene Darstellung in Anlehnung an Garlando et al. (2019)[14]

Sobald Frühwarnsysteme Anzeichen für eine Überschwemmung feststellen, die gemessenen Daten also einen bestimmten Schwellenwert überschreiten, soll automatisch eine Warnung an die Betroffenen gesendet und eine Zahlung zur vorbeugenden Katastrophenfinanzierung ausgelöst werden. Durch die Kombination von innovativen Technologien und dem Prinzip der parametrischen Versicherung können so rechtzeitig Präventivmaßnahmen bereitgestellt werden, um finanzielle Auswirkungen von Naturereignissen signifikant zu verringern. Schäden können verhindert, eingetretene Schäden schneller reguliert und mit der Installation von verlässlichen Warnsystemen können bestenfalls sogar Menschenleben gerettet werden.

Ausblick

Neben den vorgestellten parametrischen Deckungslösungen sind in den letzten Jahren weitere Konzepte für sämtliche klimabedingte Risiken wie Ernteausfälle durch Frost oder Dürre, Ertragsausfälle für Energieunternehmen sowie Sturm entstanden. Sofern die Korrelationsbedingung zwischen Parameter und Risiko erfüllt ist, sind bis auf die grundlegenden Ausschlüsse wie Terror- oder Nuklear-Ereignisse

---

14 Vgl. Garlando et al. (2019) How climate change sparks innovation für fragile communities, World Economic Forum.

prinzipiell alle Risiken und Objekte versicherbar. Verschiedene Marktteilnehmer arbeiten an innovativen Konzepten, um zukünftig auch Risiken aus anderen Bereichen parametrisch zu versichern. In Zeiten der totalen Vernetzung sind so viele Daten verfügbar wie nie zuvor. Ein tiefgehendes Verständnis und der Umgang mit diesen Daten werden das Potential der datengetriebenen, parametrischen Versicherung weiter maximieren. Inzwischen sprechen einige Marktakteure gar von einer möglichen Parametrisierung der Versicherungsbranche. Unter Einsatz fortschrittlicher Technologien wie Space Data Analytics, Künstlicher Intelligenz sowie dem Internet of Things können Risiken künftig live überwacht werden und Zahlungen zur Schadenvermeidung oder Kompensation in Echtzeit stattfinden. Durch die Kombination innovativer Technologie und neuen Deckungskonzepten werden Versicherer in Zukunft, über den klassischen Risikotransfer hinausgehend, Service-Komponenten integrieren, um ihren Kunden als relevante Partner bei der Optimierung ihrer jeweiligen Risikolage ganzheitlich zur Seite zu stehen.

Prozesse sind die neue Währung

Maria-Helena Hansen

Im Zusammenhang mit der Erfüllung der geänderten Kundenerwartungen durch die Digitalisierung sowie der hohen regulatorischen Anforderungen und damit der Sicherstellung des nachhaltigen Unternehmenserfolges in einem stärkeren Wettbewerb, hat die Optimierung und Automatisierung von Prozessen und Abläufen zunehmend an Bedeutung gewonnen. „Produkt" und „Preis" sind nicht mehr die alleinig ausschlaggebenden Faktoren, um erfolgreich zu sein. Der effiziente und kundenorientierte Prozess ist zum Hygienefaktor geworden.

In diesem Beitrag sollen ein paar der aktuell in der Praxis relevanten Methoden zur Prozessoptimierung in Versicherungsunternehmen dargestellt sowie deren Vorteile und Nachteile aufgezeigt werden.

Robotic Process Automation

Unter dem Begriff „Robotic Process Automation" (RPA) versteht man die automatisierte Bearbeitung von strukturierten, regelbasierten Prozessen durch einen digitalen Roboter. Es handelt sich dabei nicht um eine künstliche Intelligenz, sondern um die Automatisierung einer klar definierten Abfolge von Arbeitsschritten, welche der „Roboter" anstelle des Menschen ausführt.[1] Der Roboter übernimmt die Aufgaben des Anwenders und interagiert mit anderen Softwaresystemen. Gleichzeitig werden die jeweiligen Arbeitsschritte dokumentiert und entsprechend archiviert. Dabei erfolgt die Automatisierung der Prozesse, ohne bestehende Anwendungen selbst zu verändern oder zu ersetzten. Klassische Beispiele für RPA-Tätigkeiten sind:

- Informationen aus (mehreren) Dokumenten oder Systemen auslesen und verarbeiten
- Daten kopieren, extrahieren, verändern oder einfügen

---

1 Vgl. https://www.roboyo.de/dienstleistungen/robotic-process-automation/ (11.2019).

- Anhänge und Informationen aus E-Mails oder Webformularen auslesen und verarbeiten
- Zusammenstellung von Dokumenten und Informationen

In der Versicherungsbranche bieten sich zahlreiche Anwendungsfälle innerhalb der Wertschöpfungskette eines Versicherungsunternehmens für Robotic Process Automation. So wird RPA bspw. bereits von fast der Hälfte deutscher Versicherungsunternehmen im Rahmen der Schadenregulierung verwendet.[2] Hier kann RPA eingesetzt werden, um die Schäden im Schadenverwaltungssystem anzulegen, Informationen aus Unterlagen oder Rechnungen in die Systeme einzulesen, Dokumente zur Regulierung zusammenzustellen, den Kunden über den Bearbeitungsstand zu informieren oder einen Gutachter zu beauftragen.

Ein weiterer Usecase ist die Bearbeitung von Inkassofällen im Zuge von Zahlungserinnerung und Mahnläufen. Hier kann der Roboter nach dem Ablauf definierter Zeiträume ohne Zahlungseingang die entsprechende Kommunikation an den Kunden vornehmen und ggf. die Kündigung des Vertrages auslösen.

Des Weiteren kann RPA zur Testautomatisierung genutzt werden. D.h., bei der Entwicklung und Implementierung bspw. eines Onlineabschlusses müssen die Tests der Felddefinitionen, Logiken, Fehlermeldungen und Plausibilisierungen nicht mehr durch Mitarbeiter erfolgen. Diese zeitaufwendige und einseitige Tätigkeit kann vollständig durch Robotic-Systeme übernommen werden.

Auch kann RPA im Zuge der Erstellung von Alternativ- oder Tarifwechselangeboten verwendet werden. Hier kann der Roboter den Mitarbeiter bei der Zusammenstellung der VVG-konformen Dokumente und Inhalte sowie der Befüllung vertragsrelevanter Inhalte unterstützen.

Chancen:

- Beschleunigung sich wiederholender Prozesse und Arbeitsschritte
- Effizientere Ressourcennutzung durch Fokussierung der Mitarbeiter auf wertschöpfende Tätigkeiten

---

[2] Vgl. https://www.gdv.de/de/themen/news/wo-der-roboter-schon-schaeden-reguliert-11166 (11.2019).

- Geringeres operationelles Risiko: Senkung der Fehlerquote/Reduktion der Bearbeitungsfehler
- Verbesserung der Kundenzufriedenheit durch schnellere Bearbeitungszeiten, geringere Fehlerquote und Freisetzung von Ressourcen für die direkte Kundenbetreuung
- Verbesserung der Mitarbeiterzufriedenheit durch Wegfall stupider Tätigkeiten
- Erhöhung der Compliance durch definierte Kontrollen und eine vollständige Protokollierung der Prozessabläufe
- Automatisierung von End-to-End-Prozessen ohne aufwendige technische Schnittstellen zwischen Applikationen
- Kostenreduzierung

Herausforderungen:

- Nur regelbasierte, klar definierte und gleichbleibende Prozesse können verarbeitet werden
- Es werden vollständige, eindeutige und richtige Daten zur Verarbeitung benötigt
- Je nach Komplexität der zu übernehmenden Tätigkeit ist eine zeitaufwendige Implementierung erforderlich

Künstliche Intelligenz

Das Themenfeld der „Künstlichen Intelligenz" (KI) oder auch „Artificial Intelligence" (AI) befasst sich mit der Entwicklung von Algorithmen zur Problemlösung durch einen Computer. Die Software wird mittels der Analyse von Daten durch Algorithmen in die Lage versetzt, logikbasierte „Entscheidungen zu treffen" bzw. die Entscheidungsstrukturen des Menschen nachzuahmen. Ziel ist die eigenständige Problemlösung durch Software.[3] Die künstliche Intelligenz kann als Weiterentwicklung der regelbasierten Robotic Process Automation gesehen werden. Das Programm erledigt nicht nur klar definierte

---

3 Vgl. https://www.bigdata-insider.de/ki-in-der-versicherungswirtschaft-potenziale-und-grenzen-a-808419/ (11.2019).

Aufgaben, sondern entscheidet selbst auf Grundlage der Daten, welche Arbeitsschritte erfolgen müssen.

Noch ist die Nutzung von künstlicher Intelligenz in der Versicherungsbranche eher zurückhaltend. Der aktuell wohl bekannteste Anwendungsfall ist der Chatbot. Chatbots oder auch digitale Assistenten finden ihre Anwendung in der Kommunikation mit dem Kunden oder Vertriebspartnern. Der Bot ist durch das Auslesen der Informationen aus einem Chat – Sprache oder Text – in der Lage, das User-Anliegen zu erkennen und eine passende Rückmeldung zu geben. Im täglichen Leben sind digitale Assistenten wie Alexa und Siri schon lange zu Standardanwendungen geworden. In ihrer ursprünglichen Ausgestaltung waren die Chatbots „unintelligente" Informationsquellen, welche auf definierte und eindeutige Fragestellungen Antworten gaben. Mit Hilfe von Deep Learning und der Verbesserung der KI durch mehrschichtige Algorithmen, welche die Verarbeitung immenser Datenmengen ermöglichen, sind Chatbots in den letzten Jahren immer besser und genauer in der Erfüllung des Userbedürfnisses geworden.

Die weitere Ausbaustufe des Chatbots ist der Roboadvisor, welcher nicht nur eine Rückmeldung auf eine Fragestellung gibt, sondern den Kunden zu einem Themenfeld berät, einen Vertragsabschluss tätigt und die Vertragsverwaltung vornimmt. Im Bankenbereich sind Roboadvisor bereits im Rahmen von Anlageberatung etabliert. In den kommenden Jahren werden Roboadvisor auch in der Versicherungsbranche zum Einsatz kommen. Aufgabe dieser digitalen Berater könnte die Überprüfung der Bedarfssituation des Kunden sowie die Aktualisierung des Versicherungsschutzes (VVG-konformes Angebot inkl. Risikoprüfung) sein. Gerade bei beratungsintensiven und mit hohen finanziellen Risiken verbundenen Produkten, wie einer Berufsunfähigkeits- oder einer privaten Krankenvollversicherung, wird der Roboadvisor jedoch die persönliche Beratung nicht komplett ersetzen können. Hier werden künftig hybride Beratungsstrategien – also die Kombination aus menschlicher und maschineller Beratung – den Kundenwunsch nach einer qualifizierten, 24/7-verfügbaren und empathischen Beratung erfüllen.

Zudem kann über eine KI eine hochgradig individualisierte Kommunikation im Rahmen einer Zielgruppenansprache erfolgen. Die KI kann aufgrund der Daten erkennen, welchen Kommunikationskanal und welche Art der Kommunikation der Kunde bevorzugt und individuell darauf eingehen. So können bspw. je nach Persönlichkeitstyp unterschiedlich gestaltete Anschreiben oder E-Mails zu dem gleichen Thema an den Kundenbestand versendet werden

Ein weiteres Einsatzgebiet in der Versicherungsbranche ist das Beschwerdemanagement. Hier kann die algorithmenbasierte Software genutzt werden, um aus unstrukturierten Kommunikationsdaten Beschwerden zu identifizieren. Die Daten können dabei aus unterschiedlichen Systemen, wie E-Mail, Social Media, Kundenportalen oder SMS, stammen. Anhand von Worten oder Satzstrukturen erkennt die KI die „Unzufriedenheit" des Kunden und kann entweder direkt auf diese reagieren oder eine Bearbeitung des Beschwerdefalls anstoßen. Somit kann bereits auf Unzufriedenheiten reagiert werden, bevor eine tatsächliche Beschwerde besteht. Im Social Media-Bereich kann so bspw. einem Shitstorm vorgegriffen werden.

Chancen:

- Effizientere Ressourcennutzung durch Fokussierung der Mitarbeiter auf wertschöpfende Tätigkeiten und komplexere Fälle
- 24/7-Verfügbarkeit der Beratungsleistung
- Identifikation des Kundenbedarf auf Basis der zur Verfügung stehenden Daten
- Verbesserung des Kundenerlebnisses durch Interaktion und Individualisierung der Kundenansprache
- Frühzeitige Identifikation von Trends und Problemfeldern
- Ausnutzung von Cross- und Up-Selling-Potenzialen
- Verbesserung der Mitarbeiterzufriedenheit durch Wegfall stupider Tätigkeiten

Herausforderungen

- Die bestehende Infrastruktur entspricht nicht den Anforderungen der KI
- Komplexe und kostenintensive Implementierung
- Restriktionen der Leistungsfähigkeit bestehender technischen Infrastruktur
- Fehlende Daten zum effizienten und zielorientierten Einsatz der KI

Process Mining

Die Grundlage für die Optimierung von Geschäftsabläufen ist die detaillierte Kenntnis über die Prozesse selbst. Aufgrund von gewachsenen Strukturen und Ablaufprozessen, sukzessiv umgesetzten (Teil-)Automatisierungen und mehrstufigen, abteilungsübergreifenden Bearbeitungsschritten liegt oftmals keine oder nur eine unvollständige Dokumentation der Prozesse vor. Bei Process Mining handelt es sich um eine datengetriebene Methode, Prozesse innerhalb eines Unternehmens zu visualisieren, analysieren und darüber Optimierungspotenziale zu identifizieren.[4] Hierbei können auch unbekannte Prozessschritte oder eine Abweichung der tatsächlichen Abläufe von den Gewünschten aufgedeckt werden.

Process Mining basiert auf der Analyse von Ereignisprotokollen von Event-logs. Mittels Data-Mining-Algorithmen lassen sich Prozessschritte, Prozessinstanzen und Muster erkennen. Darüber hinaus werden die Unternehmen in die Lage versetzt, komplexe Prozesse agiler und flexibler zu gestalten, um sich so den sich ändernden Marktanforderungen und Kundenbedürfnissen anzupassen.

In Versicherungsunternehmen gibt es eine Vielzahl von sich wiederholenden system- und abteilungsübergreifen Prozessen, welche mittels Process Mining überprüft und verbessert werden können.

<u>Chancen:</u>

- Ganzheitliche End-to-End-Betrachtung komplexer, abteilungsübergreifender Prozesse
- Identifikation redundanter und kritischer Prozessschritte
- Identifikation von Optimierungspotenzialen in Prozessen
- Überprüfung der Konformität von Soll-Prozessmodellen zum tatsächlichen Ist-Prozess
- Verbesserung der Kunden- und Mitarbeiterzufriedenheit
- Effizienz- und Effektivitätssteigerung
- Steigerung der Agilität und Flexibilität der Prozesse

---

[4] Vgl. https://wirtschaftslexikon.gabler.de/definition/process-mining-54500/version-277529 (11.2019).

Herausforderungen:

- Heterogene IT-Infrastruktur führt zu Hürden bei der Verfügbarkeit und Analyse der Daten
- Zeit- und kostenaufwendige Implementierung durch eine vielfältige Systemlandschaft (Schnittstellenanbindung) und uneinheitliche Prozessbeschreibungen
- Fehlinterpretation von Daten

BiPRO

Eine Herausforderung der Digitalisierung ist die effiziente und problemlose Vernetzung zwischen Versicherungsunternehmen, Vertriebspartnern, Vergleichern und weiteren Dienstleistern. Diese lässt sich nur durch standardisierte Schnittstellen bewerkstelligen.

Aus diesem Grund wurde bereits 2006 das Brancheninstitut für Prozessoptimierung BiPRO e.V. gegründet. Es handelt sich dabei um eine unabhängige Organisation, deren Ziel es ist, durch standardisierte Schnittstellennormen unternehmensübergreifende Geschäftsprozesse im Bereich der Finanzdienstleistungsbranche zu optimieren und zu vereinheitlichen. Mitglieder des BiPRO e.V. sind Versicherungsunternehmen, Vermittler sowie Versicherungsdienstleister und Softwarehersteller.

Über die standardisierten BiPRO-Normen wird eine vereinfachte Anbindung zum Zwecke des digitalen und automatisierten Austauschs von Informationen, Dokumenten und Geschäftsvorfällen zwischen verschiedenen Geschäftspartnern und Dienstleistern ermöglicht. Damit ist es nicht nur möglich, den Prozess zwischen dem Versicherungsunternehmen und einem Vertriebspartner zu verbessern – zusätzlich können über die standardisierte Integration von Versicherungsprodukten in die Wertschöpfungskette branchenfremder Unternehmen weitere Poins of Sale erschlossen werden.

Chancen:

- Reduzierung der Aufwände zur Anbindung von Partnern, Vergleichern und Versicherungsunternehmen aufgrund standardisierter, skalierbarer Schnittstellen

- Einfacher, schneller Datenaustausch
- Automatisierte Abarbeitung bis hin zur Dunkelverarbeitung von Verträgen
- Reduzierung manueller Aufwände und Bearbeitungsfehler
- Erhöhung der Datenqualität und -vollständigkeit
- Kostenreduzierung

Herausforderungen:

- Aufwand für die erstmalige Implementierung
- Unter Umständen aufwändiges Mapping der normierten BiPRO-Datenmodelle auf unternehmensspezifische Datenmodelle

Fazit

In Zeiten zunehmender Komplexität, stetigem Wandel und sich laufend ändernder, individueller Kundenbedürfnisse ist die „Process excellence" eine wichtige Voraussetzung für den Unternehmenserfolg geworden.

Der „Prozess" ist zur Marktzutrittsbarriere geworden und in den nächsten Jahren wird darüber eine Marktbereinigung stattfinden. Nur Versicherungsunternehmen, welche darauf rechtzeitig reagieren und ihre Prozesse und Schnittstellen agil und skalierbar gestalten, werden in Zukunft noch erfolgreich am Markt bestehen können.

What the risk financing market will look like in 2030 – without industrial insursers

Dr. Marcus Schmalbach

"*If you want to design the future, you must leaf through the past.*"
André Malraux

Intro on GIG economy

A world without traditional insurance companies? Becoming reality in 2030? How is that possible? The answer to these questions is – the age of the GIG economy will be adopted in the world of risk financing. What is the GIG economy? The Cambridge dictionary defines GIG economy as follows: "A way of working that is based on people having temporary jobs or doing separate pieces of work, each paid separately, rather than working for an employer." This definition does not yet give much indication as to why insurance as such will be obsolete. More revealing might be the business model of the most successful – and probably best known – company in the GIG economy: Uber.

Uber is an US-American service company based in San Francisco. It provides online passenger transportation services in many cities around the world. The company charges a commission of more than 25 percent of the fare. Uber is thus the world's largest taxi company – and does not own a single taxi itself. Similar examples are Fiverr or Airbnb. What is special about the companies is, that they only act as intermediaries. Their business model is not to provide the service itself, but merely to provide a digital marketplace and bringing together supply and demand. The most impressive figure related to Uber is the development of the market. The new entrants not only took incubent's market share, but they also increased the size of markets. In San Francisco (2012) the annual earnings in the taxi industry before Uber has been 120 million Dollars per year. In 2014 Uber's annual earnings in San Francisco has been 500 million Dollars – more than four times!

How is that possible? For a long time, the car was considered a status symbol and object of freedom. Not least because of discussions such as CO_2 limits, speed limits, driving bans in city centers and long traffic jams, driving is losing its charm. Driving yourself is time-consuming, expensive to maintain and meanwhile annoying. While Gottlieb Daimler's statement about decades was considered a mis-judgement, today it is more accurate than ever: "The worldwide demand for motor vehicles will not exceed one million – if only because of the lack of available chauffeurs."

Adaption on the Insurance Industry

Some readers will think, what does this article has to do with insurance? Admittedly not very much yet. The example serves to raise awareness, because the cultural change and the effects of VUCA (Volatile, Uncertain, Complex and Ambiguity) World will not even stop at this – very conservative – industry. Admittedly, the processes are more insidious, the valuations of the start-ups are significantly lower and the threat to established companies is far less pronounced. What's the reason for that? In short, because insurance is complexer, better protected by lobbyists and regulators and has a greater impact than a simple taxi ride. An unfriendly driver, a veiled vehicle for 20 minutes certainly does not have the same impact as a bad liability cover. This is where the big plus and argument of insurers comes into play: experience. Lloyd's of London boasts more than 330 years of experience in defining, calculating and regulating insurance. But does this concept still fit in with the present day? Or is the classic insurer as obsolete as the classic taxi company? To answer this question, one must look at the business model of every insurance company – the risks of companies to be transferred.

VUCA World and its influence on the risk & insurance management

Todays global companies are forced to deal with a variety of risks. In addition to traditional ones, like e.g. property and liability risks, a stronger emphasis is being placed on newer risks such as intellectual property, climate change and risks that arise due to digitization.

VUCA World and its influence on the risk & insurance management

Since the economy is globally connected, the total failure of a company may have a butterfly effect that results in extensive damage to the overall economy. Accordingly, there are various frameworks that the management boards of companies can use to ensure that management can adequately deal with risks. Empirical values and experience ensure that traditional risks such as fire are no longer existence-threatening for the company. Nowadays, the intangible assets, like e.g. brand and reputation of a company are of greater importance for the continued existence of the company.

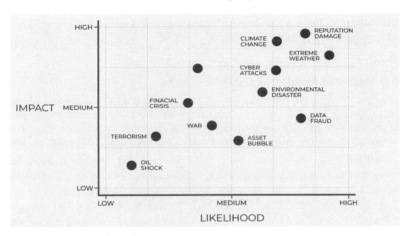

Figure 1: Company's Risk Map 2020

Correspondingly, it is necessary to meet them with innovative solutions such as contemporary legislation and modern hedging approaches. Not all risks are transferred to an insurer. Even if companies would like them to be insurerd, insurers do not assume all risks, and many are thus uninsurable, or insurable only to a limited extent. Uninsurable risks can pose a significant threat to the future of a company. They face a risk landscape that has in part been reconstituted in recent years. Not only structural changes in the economy, but there have also been notable changes in the legal environment and new forms of risk stemming from digitization and globalization, including global political changes and technological innovations.

As the graphic above shows, corporate risk managers have increasingly changed their perception of existence-threatening-risks. Global developments, such as digital and physical technologies (such as additive manufacturing), nanotechnology, driverless vehicles, changing mobility concepts and smart cities/factories create a new standard, bring positive aspects and boost the economy, but this is accompanied by a great deal of uncertainty and the risk that the company's business model is in question or even rationalized. These developments affect the insurance industry and its management boards directly and indirectly. On the one hand they need new concepts and insurance lines for the extended risk portfolio, on the other hand they are subject to cost pressure and are required to keep pace with prevailing technological developments.

The challenges that arise for the insurers can be summarized as follows:

- High administrative & regulatory-costs,
- Lack of capacity and knowhow for insurable but especially "emerging" risks
- Insufficient solution concepts for covering the "real impact" of damages
- Sufficient capitalization for risk investments
- Implementation and usability of new technologies
- Too much fun with traditional bread and butter business not much planning of the future

In summary can be stated that companies' risk portfolios have changed fundamentally due to developments in the last decades. The insurance industry on the other hand has become more cumbersome and offers only rudimentary and expansive solutions, which do not fully satisfy customer needs anymore. Based on these findings, the statement of Walter Kielholz, acting chairman of Swiss Re, predicts a bleak future for current market participants and their business models. According to him, technology will "completely disrupt the insurance industry". McKinsey & Company are singing from the same sheet, "new ecosystems are likely to emerge in place of many traditional industries by 2025", states the management consultancy in one of its research reports. As the introductory example from Uber showed, this has already worked very well in the mobility industry – the same applies to Airbnb and overnight stays in foreign cities.

Risk Trading Ecosystem

So, what can the insurance model of the future look like? With or without the current market participants? The answer is: digital. The transfer or financing of "hard-to-calculate/hard-to-place" risks is not a new invention. The "Alternative Risk Transfer" market has been around for some time. Banks (2012, p. 226), former Chief Risk Officer of the Bermuda reinsurer's derivate subsidiary, defines the ART market as "the combined risk management marketplace for innovative insurance and capital market solutions, while ART is a product, channel or solution that transfers risk exposures between the insurance and capital markets to achieve stated risk management goals." Culp (2001), risk expert and Professor for Finance at the University of Chicago, creates his own approach. He believes that transformation would be a better definition for the T in ART. The new neologism alternative risk transformation would include both: alternative risk finance, on the one hand, and alternative risk transfer, on the other. The author of this article is not very modest in redefining the "T" once again. T for Trading. The industrial insurance in 2030 will be a virtual marketplace where risks can be traded – accompanied new market players will play a crucial role.

The balance of any stock exchange is that companies buy and sell. In industrial insurance, risks are bought up by the insurer but sold not to the ceding companies, but to reinsurers and the capital market. Basically, insurers are nothing more than middlemen between the parties, who, however, write the wordings, do the pricing, regulate the capacities and handle the claims settlement. What if all these functions were no longer necessary in 2030, because industrial insurance works as simply as an Uber app? Impossible you think? Let's take the already mentioned traditional company Lloyd's of London as an example.

Digression: Lloyd's of London insuring the Titanic

If you visit this futuristic building in the heart of London City, you will have the opportunity to view a document on the security of the Titanic on the ground floor – in addition to the famous bell.

Cover was for 12 months on hull and machinery, valued at 1 million Pounds for each ship; "FAA (Free from All Average) absolutely under 150.000 Pounds" – insurers to pay only on damage in excess of that sum. The premium of 15 shillings (75p) was particularly low and amounted to 7.500 Pounds per ship. The slip opened on 9 January and by the end of the day brokers Willis Faber & Co had placed over half of the risk. Within three days the slip was complete, with some 12 companies and more than 50 Lloyd's syndicates participating in the risk.

During her maiden voyage on 14 April 1912, the Titanic submerged spur of an iceberg 350 miles off the coast of Newfoundland and went down in the freezing waters of the North Atlantic. The White Star shipping line has been paid out within 30 days of the tragedy and the evidence of the sinking of the ship was based on reports, for example from Denver Post.

In summary, it can be said that private individuals with their wealth could also act as "risk takers", just like companies in the same industry. The broker took over the "distribution" and sold the "shares". Nevertheless, he defined the loss amount, the coverage period, the claim and the oracle (e.g. press article) relevant for the claim payment.

Let us adapt the Titanic case from 1912 to the year 2022. Willis Faber logs into his account and puts the risk of "Titanic & Olympic". In various fields, the sum to be covered, the contract period and the risk ceding company are defined. Next, the predefined triggers (parametric approach) of the claim are selected in a toolbar and the oracles that confirm them. Then the risk is pushed onto the platform and the slice and dice process begins. In the end, there would not be one slip but various Smart Contracts with various risk takers approved on the platform. Claims processing is fully automated with the help of blockchain and machine learning (AI) solutions. 30 days become 30 minutes. in 2022, however, the focus of insurance would probably be different. It would not be the machines that would be insured, but the company's reputation. When the "safest ship in the world" sinks on its maiden voyage, this is dramatic for all passengers and their families, but also for the reputation of the shipping company.

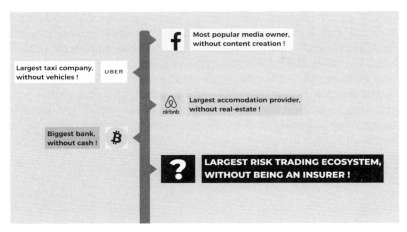

Figure 2: Worlds LEading Ecosystem 2030

Conclusion

It would be presumptuous to claim that the world will be without insurers in 2030, but as well as in the private customer sector and the SME insurance market, it is not really difficult to disrupt the traditional business model. For a mathematician, it is easy to adapt traditional calculation models and build an alternative to traditional insurance companies with sufficient capital. But especially large and Fortune companies with their own risk management and strategic departments, the traditional insurer is becoming increasingly obsolete. Who has a car and a driver's license can become a driver. Correspondingly, if you have sufficient capital at your disposal, you can be an insurer. Capitalism meets Anarchism – an independent ecosystem based on the transparency and security of blockchain technology, underwriting knowledge replaced by artificial intelligence and "uninsurable" risks are a thing of the past – because of a risk trading ecosystem instead of an industrial insurance. Accordingly, it is not the market participants themselves that are obsolete, but the concept of insurance as a solution. This is where courageous insurers have to be found who are heralding the 21st century with new ideas and digital solutions and who are leading the industry into the future with the help of experience, brand and monetary means. A look at the past can be very helpful here – the first car ever built was an electrically powered one.

Sustainable Underwriting

Dr. Jürgen Stanowsky

Why sustainability matters

Environmental, social and governance (ESG) issues – also known as sustainability issues – are becoming much more important to any kind of business not only for large international companies. When more public attention is focused on a teenage Swedish girl rallying the youth behind the 'Friday for Future' banner as to Fortune 100 CEOs something serious is going on, affecting the role of business in society. Sustainability is a common concern to insurers, communities, businesses, cities, governments and society at large, providing a strong incentive for innovation and collaboration. The sustainability record of energy and extraction companies but also of the consumer goods industry is often more tightly scrutinized by the public than other companies. However, the trend is universal and driven by regulation among others. Non-governmental organizations (NGOs) and investors increasingly demand sustainable behaviors and respective reporting. While all ESG dimensions are important, climate change related issues have taken center stage recently. Today sustainable behavior is expected by any company especially by the younger generations. Not paying attention to ESG issues bears significant reputational risk and impacts share prices not to mention the impact on our planet and society. As a guide to what is acceptable with respect to ESG issues for insurance companies the following international agreements can provide guidance: UN Global Compact Principles, Principles for Sustainable Insurance, Principles for Responsible Investment, the UN Sustainable Development Goals.

Sustainability and insurance

As risk managers, employers and investors, the insurance industry is exposed to ESG risks on many dimensions. It also plays an important role in promoting economic, social and environmental sustainability. With the international adoption of the UN Sustainable Development Goals, Paris Agreement on Climate Change, and Sendai Framework for Disaster Risk Reduction in 2015, there is growing pressure and urgency across all sectors of society to respond and find solutions to sustainability challenges the world is facing. The insurance industry with its global reach and huge investments is playing an important role in addressing ESG issues.

With respect to climate change this role becomes even more special. As insurance is directly and broadly exposed to its consequences it is the 'canary in the coalmine' among global industries. Insurance is feeling the direct impact of events like floods, storms or wildfires. For insured weather-related losses, the two-year period 2017 and 2018 was the most expensive (USD > 100 bn) on record so far[1]. Given the rising trend this 'record' will very likely be surpassed soon as insured losses grow fast, much faster than in the past. Climate change is arguably the number one risk mankind is facing, with the potential to severely impact the livelihoods of millions of people. So far, all actions to fight climate change have fallen short and will not limit the increase of global temperature to below 2 degrees of even 1.5 degrees. Despite the dominance of climate related issues, all dimensions of ESG need to be taken seriously and require proper addressing by the industry.

Sustainability and especially climate change, and society's response to it, present risks which became also relevant on the agenda of regulators. While the financial risks from climate change may crystallize in full over longer time horizons, they are also becoming apparent now. The European Insurance and Occupational Pension Authority (EIOPA) has started a process to integrate sustainability into Solvency II and the Insurance Distribution Directive. Furthermore, it aims at assessing the insurance gap related to rising severity and frequency of natural catastrophes and the consequences of investing[2]. Also, the UK regulator has already started to ask banks and insurance companies to prepare themselves for new disclosure

---

[1] Swiss Re, Sigma 2/2019 "Natural catastrophes and man-made disasters in 2018: 'secondary' perils on the frontline", p. 4; https://www.swissre.com/dam/jcr:c37eb0e4-c0b9-4a9f-9954-3d0bb4339bfd/sigma2_2019_en.pdf.

[2] EIOPA Roundtable on Sustainable Finance, June 2018, p. 2; https://eiopa.europa.eu/Publications/Consultations/2018-06-20%20RoundtableSustainableFinance.pdf.

and reporting needs related to sustainability. A review of current practice in the banking and insurance sectors have highlighted that, while firms are enhancing their approaches to managing the financial risks from climate change, few firms are taking a strategic approach that considers how actions today affect future financial risks. The UK regulator found in April 2019 that there is strikingly little strategic thinking around the consequences of climate change and related risks on the industry. Therefore, it issued its expectations on how financial companies should react[3]. A path that most likely will be followed by (other) EU regulators. Key areas of concern are:

- **Physical risk**: specific weather events (storms, floods, heatwaves, wildfires) increase in severity and frequency and are impacting property and casualty (P&C) insurance already today. In the long-term changes in mean temperatures and sea level rise pose additional risks.

- **Transition risk**: arise from the process of moving towards a low carbon economy. A key driver of these risks are climate-related developments in policy and regulation. Rapid technological change e.g., move to electric vehicles, tighter standards for energy efficiency and emissions, will impact the value of existing assets. Companies in general will have to assess the climate related risks to their customer and investment portfolios. Proper mitigation and disclosure of these risks will be decisive in the future, even though there is still an ongoing debate with respect to the proper framework and discloser standards.

Overall financial risks related to sustainability in general and to climate change in particular are significant. Proper reporting standards and a thorough understanding of the business portfolio and supply chain is relevant for companies to assess their exposure.

---

[3] Bank of England, Prudent Regulation Authority (April 2019): Supervisory Statement 3/19, 'Enhancing banks' and insurers' approaches to managing the financial risks from climate change', p. 3; https://www.bankofengland.co.uk/prudential-regulation/publication/2019/enhancing-banks-and-insurers-approaches-to-managing-the-financial-risks-from-climate-change-ss.

Implementing sustainability

In most cases it is not straightforward what needs to be done to make a company more sustainable. It requires more a change in mindset than the implementation of new policies and guidelines. Large insurance companies especially European ones and those with retail focus frequently have an elaborate sustainability approach, that smaller companies frequently lack. Important aspects to have clarity about are:

- Reason for sustainability efforts: this could range from focus on regulatory necessities over meeting investor demands and those of the concerned public (incl. NGOs) to a complete re-modelling the company and business approach in the light of sustainability. Ultimately it is important that the company is clear about the severity of ESG risks it is willing to tolerate
- Clearly defined and comprehensive approach e.g., investment approach should be reflected in insurance business
- Supportive governance structure allowing to address sustainability issues whenever they arise. Larger companies might create the role of a Chief Sustainability Officer.

The involvement of insurance companies with respect to ESG issues can be characterized along four dimensions:

a) Role as insurer

- Understanding and pricing ESG related risks
- Providing risk transfer solutions that encourage risk prevention and incentivize customers to adapt sustainable behaviors
- Conducting risk assessments and advice on ESG related risks

b) Role as investor

- Integrating ESG considerations into the investment management process e.g., when selecting the addressable investment universe, determining the share of investments in ESG related assets, assessment of transition risk in portfolio
- Directly investing in impact investments e.g., green bonds which are meant to have a positive environmental and social impact

c) **Role as employer**
   - Providing flexible, sustainable and safe working environment
   - Supporting diversity within the workforce
   - Providing good governance along all corporate processes

d) **Role as corporate citizen**
   - Providing community engagement opportunities for employees
   - Ensuring a positive impact on society
   - Managing property, business operations etc. according to pre-defined sustainability benchmarks e.g., use of renewable energy only, carbon offsetting of business flights.

Especially for the first two roles obtaining relevant information to judge ESG risks can be cumbersome. While there exist several well-established investment benchmarks that facilitate sustainable investment, sustainable underwriting is a harder nut to crack.

Sustainable underwriting

Given that all decisions regarding sustainability along with processes and governance structure are in place, there are two main sources of risk for insurance companies related to sustainable underwriting:

a) Not adhering to self-stated standards with respective reputational risk (and possible shareholder reactions) and

b) Incorrect assessment of physical risks leading to incorrect pricing because relevant risk factors have changed in nature leading systematically to higher than expected claims

A first step to deal with a) is an analysis of the many ethical and sensitive issues that were identified as being of concern to civil society. Using a risk-based process, key environmental, societal and governance (ESG) issues and industries can be prioritized that are beyond the ESG risk appetite (as defined by reputational risk) of the company. Educating underwriters on these risks and provide them with proper tools to assess them is important to avoid later pitfalls. A specialized team focusing on ESG risks might be necessary, depending on the nature of the commercial customer portfolio. The following table indicates the dimensions that need to be considered when addressing ESG issues. It draws on the UNEP Finance Initiative on Principles in Sustainable Insurance.[4]

An increasingly important aspect of sustainable underwriting is a proper risk assessment and the education of customers on how to protect themselves from risks or how to mitigate them. With growing evidence that the physical impact of climate change is happening faster than anticipated only 2–3 years ago, it is needed to re-assess the way risks are priced. Relying on past (claims) experience to assess severity and frequency of (weather related) events e.g., storms, floods, wildfires, etc. can easily lead to wrong conclusions and pricing. The industry needs to develop more forward-looking approaches to draw the right conclusions from available scientific evidence.

Especially in commercial insurance, educating customers on ESG risks and helping them to deal with those risks will become more important. In that respect the role of insurance companies might evolve. Offering services based on advice to customers on ESG related risks might offer new opportunities for those companies willing to invest in these opportunities. With a continued move towards a low carbon economy, new technologies will evolve that need insurance, electric cars are only the beginning.

In retail insurance new opportunities might emerge, too. New products designed for ESG sensitive customers are a possibility. For example, new property products might include 'betterment', meaning that in case of a claim re-building the affected property to the latest or another pre-defined energy standard will be covered. The range of possibilities to support ESG issues in product design is wide.

---

4 UNEP Finance Initiative, 2019, Principles for Sustainable Insurance: 'Underwriting environmental, social and governance risks in non-life insurance business'; p. https://www.unepfi.org/psi/category/publications/insurance/.

Theme	Issue	Risk criteria
Environment	Climate change	Air pollution, greenhouse gas emissions
		Physical risks (e.g., heat, storms, floods, wildfires, …)
	Environmental degradation	Exposure to unconventional mining practices (e.g., deep sea mining, removing of mountain tops, …)
		Deforestation etc. (e.g., illegal logging/clearance, palm oil on peatlands, biodiversity loss, …)
		Soil or water pollution
	Protected sites/ species	Impact on World Heritage Sites, other protected sites
		Impact on endangered species (IUCN Red List)
	Unsustainable practices	Unconventional energy practices (e.g., Arctic oil, hydraulic fracturing, deep sea drilling, …)
		Controversial or illegal fishing practices
	Animal welfare/ testing	Livestock transport conditions
		Controversial living conditions (e.g., overuse of antibiotics, …)
		Use of wild subjects or Great Apes in testing
		Lack of anaesthetic or distress reducing techniques
Societal	Human Rights	Child labor and forced labor
		Human trafficking
		Forced resettlement (land grabbing, land/ water rights for native people)
		Violation of workers' rights or poor worker safety record
		Misconduct of security personnel (e.g., human rights abuses)
	Controversial weapons	Exposure to controversial weapons (e.g., UN Convention)

Theme	Issue	Risk criteria
Governance	Bribery and corruption	Illegal and unethical payments
	Poor corporate governance	Anti-competitive practice, violations of antitrust laws, unethical conduct
	Poor product safety and quality	Unethical conduct or negative health impact on customers

Table 1: Dimensions of sustainability risk to guide underwriting

However, properly pricing ESG risks remains difficult. Not all consequences are foreseeable today and neither are potential changes in legislation. Recently many more carbon related liability cases are emerging, especially in the U.S. the number of lawsuits filed is rising. Fossil fuel or energy companies get sued to be held accountable for costs arising from climate change.[5]

---

[5] Aspen Re, 2019: Climate Change White Paper:' Climate change and the (Re) Insurance Implications', pp. 14–16; http://aspeninsurance.co.uk/global assets/documents/reinsurance/whitepapers/aspen-re-climate-change.pdf.

A Stich in Time Saves Nine: Building an Ambidextrous Organization in Financial Services

Christopher Schumacher[1]/Peter Maas[1]

Challenging Times for the Insurance Industry

The insurance industry can be characterized as traditional, conservative, and slow. Otherwise, it has been doing great in recent years, without lifting a finger. In the past, insurance managers neither felt the need to adjust their organizations' business models nor the necessity to adapt their organizations to changing environments. However, times are changing. Insurance companies are now facing more and more internal and external challenges, with boundary conditions becoming increasingly more complex.

Consumer needs are changing. In the past, insurance customers did not matter. Their only purpose was to pay premiums. Still today, the insurance industry is rather a push than a pull industry (i.e., "You still need somebody to sell a product nobody wants"). However, consumers develop individual preferences and needs and want to be involved in the process of value creation. They are used to products and services from other industries that are tailored to their needs – and expect the same degree of individualism from insurance companies.

Ecosystems and platforms. While ecosystems and platforms are far developed in other industries, the insurance industry still adheres to its traditional business model. Some of the well-established companies attempt to build business ecosystems in which they aim to serve as the central player. However, as of today, there is no proven success story of an insurance ecosystem.

---

1 Institute of Insurance Economics (I.VW-HSG), University of St. Gallen, St. Gallen, Switzerland
  Corresponding Author: Christopher Schumacher, Institute of Insurance Economics (I.VW-HSG), University of St. Gallen, Tannenstrasse 19, 9000 St. Gallen, Switzerland, Email: christopher.schumacher@unisg.ch.

The pressure to be innovative. Throughout the industry, managers feel the pressure to become innovative. Many incumbent companies heavily invest money to start "something" innovative, oftentimes without actually knowing what they are doing. Ambiguity is exceptionally high, and the ROI of most of these projects is zero or even negative.

Mounting costs. Insurance companies feel the pressure of mounting costs. Stricter regulatory requirements and low interest rates are just two of the various causes that lead to cost pressure. Many of the established players cannot move because of their massive cost structures; further, they still focus more on cutting costs than on dealing with their futures.

Unwillingness to change. Inertia and resistance to change are among the most prevalent internal challenges. People are stuck in their comfort zones and unwilling to change. Excellent leadership is necessary to enable change and overcome inertia.

The war for talents. Many industry experts perceive the war for talents as the biggest challenge for insurance companies in the years ahead. Insurance companies compete with companies from other industries, i.e., no longer do insurance companies only compete with companies from the financial sector.

Competition and industry convergence. There is increasing competition from startups (e.g., FinTechs and InsurTechs) and players from other industries (e.g., Tencent and Amazon). Hence, disintermediation is soaring, and the future role of insurance companies remains unclear. Some industry experts even claim that insurance agents and brokers are a dying species.

Insurance becomes a commodity. All of the above-mentioned reasons make differentiation increasingly challenging. As insurance providers offer almost identical products and services, insurance increasingly becomes a commodity.

Therefore, insurance companies need to fundamentally challenge the way they do business. Sooner rather than later, they will be forced to transform their organizations to adapt to changing environments.

One Way Out: Becoming Innovative

The financial services industry is among the few industries that lack research and development departments in large parts. This is among the reasons why insurance companies have had and still have a difficult time being innovative. Historically, the industry is struggling with change and innovations. What had been called "innovation" in the past usually had been an actuary's idea of a new product that was built and pushed into the market. Today, innovations can be created inside and outside the focal organization. Both options come with advantages and disadvantages. Unfortunately, there is no "one size fits all" approach to building exploratory activities. Therefore, each organization has to identify and implement individual solutions. While it is common to create innovations inside an organization in other industries, it is rather unusual in the insurance industry. Being innovative in an insurance environment is challenging, especially if one is surrounded by "business as usual" activities and duties. Therefore, many insurance companies set up greenfield projects and innovation labs apart from their core business. Currently, there is downright hype around establishing "internal" startups. These internal startups usually consist of interdisciplinary team members who are provided with resources, infrastructure, and time to focus on developing new ideas and innovative solutions. While many of the established players believe that their internal startups are going to bring the necessary and desired change, industry experts are more skeptical. They caution that there is too much liquidity in the market, that funding is cheap, and that many of the greenfield approaches are therefore expected to fail. Moreover, many of the brightest minds in insurance leave traditional players to found their own ventures. Overall, creating innovation is never a single event; rather, it is a sequential trial-and-error process.

Organizational Ambidexterity

How to manage "business as usual" while, at the same time, creating innovations is one of the main challenges insurance companies currently face. Exploiting and exploring at the same time is referred to as "organizational ambidexterity," which is defined as "the capacity to simultaneously achieve alignment and adaptability at a business-unit level" (Gibson & Birkinshaw, 2004). This can be done by balancing exploitation (alignment) and exploration (adaptability) to excel at today's core business while also focusing on tomorrow's upcoming challenges (Duncan, 1976). Organizational ambidexterity is achieved by developing a set of processes or systems that foster and encourage individuals to assess themselves in how to allocate their time between exploitation or exploration (McDonough & Leifer, 1983; Tushman & O'Reilly, 1996). While traditional management literature advocated a clear focus on either exploitation or exploration, March (1991) stated that focusing on only one dimension at the expense of the other will lead to problems and tensions. Thus, an organization's ability to build a competitive business model may be rooted in the ability to jointly pursue exploitation and exploration. As Floyd and Lane (2000) propose, organizations have to "exploit existing competencies and explore new ones – and, more importantly, that these two facets of organizational learning are inseparable." Thus, organizational ambidexterity demonstrates that the conundrum of simultaneous exploitation and exploration can be solved, thus enhancing organizations' long-term competitiveness and performance.

Building an Ambidextrous Organization: A Unique Case

In a recent study (Schumacher & Maas, 2019), we investigated a multinational financial services provider with legal entities in Central and Eastern Europe. The organization specializes in various areas – here, we illustrate two of them. First, the runoff business is located in Central Europe and ensures (cost-)efficient management of life insurance portfolios. The runoff unit is characterized by a high degree of exploitation and a low degree of exploration. As runoff is finite by nature, and, with portfolios decreasing, the financial services player had to act. A thorough analysis led to the conclusion to complement the exploitation business with exploratory activities to sustain in the long-run and improve business performance. Second, with a new venture, the financial services provider plans to create new business through a network business model in Eastern Europe. The concept aligns different external companies to form a network of partners with complementary skills. The guiding idea is that partners can benefit from each other. The ultimate goal is to create value for both customers and partners. This unit is characterized by a low degree of exploitation and a high degree of exploration. Consequently, the financial services provider manages one entity specialized in exploitation (runoff) and one entity specialized in exploration (new venture). Organizational ambidexterity seems to be a promising approach to master the balancing act between maintaining traditional business and exploring new opportunities.

What to Focus on When Building an Ambidextrous Organization

Insurance companies need to identify how creating an ambidextrous organization can help create customer value. In our study, in which we conducted 35 in-depth semi-structured interviews with internal and external stakeholders of the multinational financial services provider, we identified leadership, culture, and dynamic capabilities as the main drivers to create an ambidextrous organization. *Leadership* is tightly linked to top management, which needs to be open for innovation and willing to transform an organization. It has to foster change and needs to be involved in the process of building an ambidextrous organization. Creating an ambidextrous organization requires creating a new mindset. No longer should insurance companies focus on exploitation ("business as usual") only; they should also start focusing on adaptation (exploration). Creating this new mindset might be challenging, especially when managers and employees are unwilling to change. Leadership then has to help overcome resistance to change and inertia. For this purpose, the multinational financial services provider hired new people to lead the distinct entities and to drive the change.

Culture plays an essential role in managing organizations and running a business. Although exploitation and exploration units differ, insurance companies should create a culture based on sharing the same values and having the same vision. Top management needs to create a customer-centric culture and organization. Insurance companies should ask customers about their needs and preferences before developing new products and services. At the same time, insurance companies could increase the number of customer interactions and customer interaction channels to learn from customers. It might also be helpful to create a culture that is open for new ways of working. For instance, insurance companies could adapt (agile) methods and concepts from other industries, i.e., implement, measure, and iterate to create quick wins and learn from mistakes. Employees will find out that they can benefit from working differently, e.g., reducing complexity and saving time. Insurance companies may implement a feedback culture that encourages communication and collaboration across units. Hence, combining exploitation and exploration offers opportunities to create know-how synergies.

Dynamic capabilities are defined as an organization's ability to integrate, build, and reconfigure internal and external competencies (Teece, Pisano, & Shuen, 1997). Dynamic capabilities can help to deal with rapidly changing environments. The financial services provider combines capability-shifting and capability-building processes to balance exploitation and exploration (Luger, Raisch, & Schimmer, 2018). As the exploitation unit specializes in the efficient management of life insurance contracts, employees need to possess traditional expertise in insurance and deep technical understanding. Contrarily, the exploration unit focuses more on creating innovative solutions for customers and partners where new capabilities become necessary. Employees no longer need traditional insurance expertise, as they can adapt it from their partners. What the multinational financial services providers is doing is to shift capabilities from one part of the organization to another (i.e., where it is most beneficial). While regulation and low interest rates have been the top issues in the past, the search for talents will become the biggest challenge for insurance companies in the years ahead, according to industry experts. In recruiting, insurance companies should therefore focus on employees and managers that possess both exploitation and exploration skills.

To conclude, boundary conditions force insurance companies to renew themselves. As the industry is mostly exploitation-driven, it is critical to build exploratory activities. However, fostering exploration to build an ambidextrous organization is a challenging task that requires time, effort, and the willingness to take risks. Aligning exploitation and exploration is an enduring challenge, but evidence shows that becoming ambidextrous pays off.

References

Duncan, R. B. (1976). The ambidextrous organization: Designing dual structures for innovation. In R. H. Kilmann, L. R. Pondy, & D. Slevin (Eds.), *The Management of Organization Design* (pp. 167–188). New York: North-Holland.

Floyd, S. W., & Lane, P. J. (2000). Strategizing throughout the Organization: Managing Role Conflict in Strategic Renewal. *Academy of Management Review, 25*(1), 154–177.

Gibson, C. B., & Birkinshaw, J. (2004). The Antecedents, Consequences, and Mediating Role of Organizational Ambidexterity. *Academy of Management Journal, 47*(2), 209–226.

Luger, J., Raisch, S., & Schimmer, M. (2018). Dynamic Balancing of Exploration and Exploitation: The Contingent Benefits of Ambidexterity. *Organization Science, 29*(3), 449–470.

March, J. G. (1991). Exploration and Exploitation in Organizational Learning. *Organization Science, 2*(1), 71–87.

McDonough, E. F., & Leifer, R. (1983). Using Simultaneous Structures to Cope with Uncertainty. *Academy of Management Journal, 26*(4), 727–735.

Schumacher, C., & Maas, P. (2019). A Blessing in Disguise: Implementing Exploration in an Exploitation-Driven Multinational Financial Services Provider to Become Ambidextrous (work in progress).

Teece, D. J., Pisano, G., & Shuen, A. (1997). Dynamic Capabilities and Strategic Management. *Strategic Management Journal, 18*(7), 509–533.

Tushman, M. L., & O'Reilly, C. A. (1996). Ambidextrous Organizations: Managing Evolutionary and Revolutionary Change. *California Management Review, 38*(4), 7–30.

Mit Plattformökonomie in die Zukunft der Versicherungswirtschaft

Marcus Rex

Umbruch und Orientierungslosigkeit prägen gegenwärtig die Versicherungswelt: Regulatorische Anforderungen, die veränderte Erwartungshaltung eines informierten Kunden, Digitalisierung und Altlasten in der komplexen Versicherungs-IT sind nur einige der vielfältigen Herausforderungen. Zudem ist der Markt unübersichtlich: Eine Vielzahl an InsurTechs entwickelt smarte Lösungen, die allerdings nur punktuell sind und nicht den gesamten Kosmos der Versicherungswelt erfassen. Hinzu kommt die Sorge, dass Software-Riesen aus Übersee in den hiesigen Markt eintreten. Kurzum: In der Branche ist momentan eine hohe Dynamik – eine klare Ausrichtung im Hinblick auf die Zukunftsfähigkeit fehlt jedoch.

Klar ist, dass sich der Markt in den nächsten Jahren konsolidieren wird. Jeder Akteur wird sich auf seine Kernkompetenzen konzentrieren und technologische Lösungen von externen Spezialisten beziehen. Es gilt nun, die IT-Systeme zu modernisieren und sinkende Margen durch Prozessautomatisierung zu kompensieren.

Plattformen entwickeln Macht durch Vernetzung

Um den beiden zentralen Anforderungen an eine digitalisierte Wirtschaft – nämlich Einfachheit und Schnelligkeit – gerecht zu werden, ist die Standardisierung und Automatisierung von Prozessen elementar. Eine entscheidende Rolle dabei spielen Plattformen. Das übergreifende Ziel einer Plattform ist es, Übereinstimmung in den Bedürfnissen der Nutzer – also Angebot und Nachfrage – zu definieren und durch den Austausch von Services und Informationen für alle Teilnehmer Nutzen zu generieren. Diese Marktplätze, auf welchen Konsumenten und Anbieter zusammenkommen, ermöglichen Automatisierung und entwickeln eine große Macht.

Wie das funktioniert, zeigt die Bankenwelt: Sie liegt bei der Standardisierung zehn bis 15 Jahre vor der Versicherungsbranche. Unser

Schwesterunternehmen, die Europace AG, betreibt mit EUROPACE die größte deutsche Transaktionsplattform für Immobilienfinanzierungen, Bausparprodukte und Ratenkredite. Mittlerweile vernetzt sie über 650 Partner aus den Bereichen Banken, Versicherungen und Finanzvertriebe und schafft für alle Marktakteure eine Win-Win-Situation. So wickeln mehrere tausend Nutzer monatlich über EUROPACE etwa 35.000 Transaktionen mit einem Volumen von rund 6 Mrd. € pro Monat ab.

Technologischer Wandel ist eine Chance – wenn die Menschen mitgenommen werden

In der Versicherungswelt ist eine unabhängige Plattform, die alle Marktteilnehmer medienbruchfrei vernetzt und so die veralteten, vielfach singulären Prozesse ablöst, die Grundlage für die Zukunftsfähigkeit der Branche. Hintergrund ist, dass Vertriebe im Spannungsfeld von Regulierungen und einem sich konsolidierenden Markt integrierte Services zu Vergleichs-, Beratungs- und Auswahllösungen sowie automatisierte, mit allen Anbietern kompatible Prozesse benötigen. Produktanbieter hingegen brauchen neben hervorragenden Produkten auch Prozesse, die für Vermittler effizient abzuwickeln sind.

Mit SMART INSUR entwickeln wir von der Smart InsurTech AG für die Versicherungswirtschaft eine anbieterunabhängige Plattform für Verwaltung, Vergleich und Beratung von Versicherungs- und Vorsorgeprodukten bzw. -verträgen. Dieser integrierende Marktplatz verbindet die Prozesse und Datenflüsse von Vermittlerorganisationen mit denen von Versicherungsunternehmen, InsurTechs und Banken. Prozessautomatisierung – u.a. durch den Einsatz Künstlicher Intelligenz – und Standardisierung führen zu digitaler Wertschöpfung: Das ganzheitliche IT-System unterstützt den Vertrieb und entlastet den Innendienst. Der Berater kann so mehr Kunden bedienen und sich auf seine Kernkompetenz – die Beratung zu komplexen Produkten – konzentrieren.

Es zeigt sich: Technologischer Wandel ist eine Chance. Wir dürfen nur nicht versäumen, die Menschen mitzunehmen und ihnen die konkreten Mehrwerte für ihren Arbeitsalltag zu zeigen.

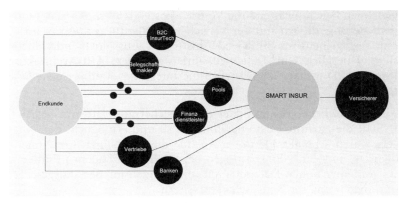

Abbildung: Die Versicherungsplattform SMART INSUR vernetzt alle Marktteilnehmer

SMART INSUR: KI-gestützte Komplettlösung für die Versicherungswelt

Mit SMART INSUR haben wir eine vollintegrierte Plattform entwickelt, die der Versicherungswirtschaft aus einer Hand alle relevanten Services bereitstellt und weit über ein klassisches Maklerverwaltungsprogramm oder einen reinen Vergleicher hinausgeht. Sie umfasst **digitale Maklerverwaltungsprogramme** (Smart Admin), die eine automatisierte Kommunikation zwischen Versicherer, Innendienst und Berater ermöglichen und daher Funktionalitäten für Verwaltung und Abrechnung beinhalten. Die **Vergleichsfunktion** (Smart Compare) beinhaltet nicht nur die Bereiche Vergleich, Tarifierung, Angebote und Abschluss, sondern mit Smart Check auch eine am Markt einzigartige **qualitative Tarifbewertung** nach Verbraucherschutzkriterien – u.a. der Stiftung Warentest. Die Funktion **Beratung, Analyse und Abschluss** (Smart Consult) ermöglicht anlassbezogene und Konzept-Beratung inklusive Dokumentation und Abschluss mittels digitaler Signatur. IT-Hosting und **Cloud Storage** (Smart Cloud) sowie Robo Advise runden das Spektrum ab. Unser **vollumfänglicher Dokumentenservice** (Smart Gevo) treibt mit Hilfe von Künstlicher Intelligenz die Prozessautomatisierung voran. Dank der automatisierten Verarbeitung und Zuordnung von Dokumenten aus verschiedenen Kanälen gewinnen Geschäftsvorfälle an

Geschwindigkeit, während die Vertriebskosten sinken. Bei aller Standardisierung, die wir mit der Versicherungsplattform und mit unserem Engagement im BiPRO e.V. anstreben, muss auch Individualisierung möglich sein. Daher gewährleistet unsere **API-Architektur** (Smart API) mittels Schnittstellen die Integration in das eigene System.

Als ganzheitliche Lösung bildet die Versicherungsplattform SMART INSUR die gesamte Customer Journey ab und ermöglicht den Nutzern durch schlanke Plattform-Abläufe die Entlastung ihres Innendienstes, aber auch Einsparungen bei IT-Kosten. Zudem profitieren sie von einer hohen Datenqualität und können ihr Bestandsgeschäft optimieren und ihr Neugeschäft erweitern.

Blick in die Glaskugel: Technologie meets Herzlichkeit

Der Versicherungsmarkt ist mitten im Umbruch. In welche Richtung es geht, ist noch nicht eindeutig. Sicher ist, dass sich der Markt konsolidieren und Technologie dabei eine Schlüsselrolle spielen wird. Die Rolle des Maklers wird sich wandeln. Er tritt erst später in den Beratungs- und Abschlussprozess ein. Der informierte Kunde schließt einfache Produkte online ab und wendet sich an den Berater, wenn er tiefergehende Informationen oder Entscheidungshilfen wünscht. Der Expertenrat wird v.a. bei der Beratung zu komplexen Produkten gefragt sein.

Das zukünftige Ideal ist in meinen Augen eine Symbiose aus Technik und Herzlichkeit der persönlichen Beratung. Technologische KI-gestützte Lösungen mit effizienten Prozessen werden den Vermittler von administrativem Ballast befreien und es ihm ermöglichen, das Kundenbedürfnis nach Schnelligkeit und Einfachheit zu erfüllen. In einer lebensbegleitenden Beratung lotst der Vermittler seinen Kunden durch die komplexe Versicherungswelt und stellt für ihn den individuell passenden Versicherungsschutz für jede Lebenslage zusammen.

Cyber-Versicherungen –
Wann erwacht der schlafende Riese?

Dr. Reiner Will

Im Zuge der Digitalisierung wandelt sich fast jeder Lebensbereich. Schlankere Prozesse, erweiterte Kommunikationsformen und vernetzte Geräte revolutionieren nicht nur die Arbeitswelt, sie verändern auch massiv die Privatsphäre.

Aber die Vernetzung von Geräten und die Digitalisierung von Daten und Kommunikation ruft auch Kriminelle auf den Plan – Stichwort Cyber-Kriminalität. Diese tritt in ganz unterschiedlichen Formen Zutage: sei es, um unternehmerisches Know-how abzuschöpfen oder um Unternehmen durch Erpressungstrojaner zur Auszahlung von Geldsummen zu bewegen. Gehackte Geräte lassen sich z.B. auch dazu missbrauchen, um Angriffe gegen die Internet-Infrastruktur durchzuführen. In der Kriminalstatistik des Bundeskriminalamtes (BKA) vom 29.1.2019 erscheint Cybercrime als Straftat mit fast 90.000 erfassten Fällen. Während die Schadenzahl in den vergangenen Jahren zugenommen hat (2016 rund 83.000 Attacken; 2017: 86.000), verharrt die Aufklärungsquote bei knapp unter 40 %. Angesicht dieser Zahlen und der Vermutung, dass viele Schäden gar nicht zur Anzeige kommen, scheint (finanzielle) Vorsorge an dieser Stelle angebracht.

Das Phänomen Hackerangriffe dringt bereits seit geraumer Zeit immer wieder medial an die Öffentlichkeit. Und spätestens seit der Attacke mit dem I-love-you-Virus im Mai 2000, welcher weltweit Schäden in Höhe von geschätzten 10 Mrd. USD verursachte, ist auch die mögliche finanzielle Tragweite präsenter. Grundsätzlich ist zu bedenken, dass die mit der Digitalisierung angestrebten Produktivitäts- und Nutzenfortschritte nur dann ausgeschöpft werden können, wenn die damit verbundenen Cyberrisiken im Rahmen des unternehmerischen, aber auch privaten Risikomanagements beherrschbar werden. Versicherungsschutz ist hierzu ein Mittel.

Immer mehr Versicherer wagen den Markteinstieg

Aus diesem Grund verwundert es schon ein wenig, dass die Cyber-Versicherung in Deutschland noch ein recht junger Versicherungszweig ist. 2011 wurde die erste Police hierzulande abgeschlossen – wohlgemerkt elf Jahre nach dem erwähnten I-love-you-Virus. In den USA, dem Mutterland der Digitalisierung, ist die Verbreitung hingegen deutlich weiter fortgeschritten. Hier geben Firmen jährlich bereits rund 3 Mrd. USD für Cyber-Policen aus. Die Sparte befindet sich bei uns also noch in den Kinderschuhen. Der Gesamtverband der deutschen Versicherungswirtschaft (GDV) listet derzeit 40 Versicherer mit einem Angebot in der Cyber-Versicherung auf, deren Beitragsvolumen im Jahr 2018 mit rund 50 Mio. € gemessen an den Gesamtbeitragseinnahmen in der Schaden-/Unfallversicherung noch im einstelligen Promillebereich lag. Darüber hinaus sind einige Makler mit eigenen Wordings am Markt aktiv.

Angetrieben von aktuellen Prognosen und Studien über ein milliardenschweres Marktpotenzial wagen allerdings immer mehr Versicherer den Markteintritt oder intensivieren ihre bisherigen Bemühungen. Anfang 2017 waren es noch etwas mehr als 20 Gesellschaften. Experten rechnen sogar damit, dass sich die Anzahl der Anbieter mittelfristig auf 60 Unternehmen erhöhen könnte.

Um die Stimmungslage der Versicherer in diesem Markt auszuloten, haben wir gemeinsam mit dem internationalen Kommunikations- und Krisenberater Instinctif AG im Frühjahr 2019 Anbieter von Cyber-Policen in Deutschland sowie ausgewählte, in diesem Segment aktive Makler um eine Markteinschätzung gebeten.

Ein Ergebnis: Die Produktmanager richten einen besonderen Fokus auf kleine und mittelständische Unternehmen (KMU). Während sich große, global agierende Konzerne i.d.R. mit individuellen Deckungskonzepten über Spezialversicherer oder Industriemakler gegen Cyber-Angriffe versichert haben, gibt es in Teilen der deutschen Wirtschaft, insbesondere bei den KMU, noch deutlichen Nachholbedarf.

Laut KMU-Studie 2019 der Gothaer Versicherung wurde bereits jedes fünfte dieser Unternehmen Opfer eines Cyberangriffs, allerdings verfügen nur 13 % über einen entsprechenden Versicherungsschutz. Der Umstand, dass 43 % der befragten Unternehmen gleichzeitig Cyber-

Risiken als bedrohlichste Gefahr für ihren Betrieb ansehen, nährt dabei die Absatzhoffnungen von Versicherern.

Hohe Wachstumserwartungen wurden bislang nicht erfüllt

Neben dem gewerblichen Bereich nehmen die Marktteilnehmer das Privatkundensegment ins Visier. Hier ist mittlerweile ein gutes Dutzend Versicherer aktiv. Ähnlich wie im gewerblichen Bereich haben sich auch in diesem jungen Markt noch keine Produkt-Standards etabliert. Die Entwicklungsdynamik lässt sich exemplarisch am Angebot der Arag Versicherung ablesen, die im Frühjahr 2019 bereits die dritte Generation ihres Cyberschutzpaketes Arag web@akitv an den Markt gebracht hat.

Dass sich die hohen Wachstumserwartungen der Branche sowohl im Privat- als auch im Gewerbesegment bislang nicht erfüllt haben, dürfte nicht zuletzt den fehlenden Produktstandards geschuldet sein. Die marktweit erhältlichen Deckungen lassen sich nur schwer vergleichen, was naturgemäß den Absatz erschwert. Umfang und Aufbau der Bedingungswerke unterscheiden sich z.T. deutlich. Auch in der Ausgestaltung der Tarife zeigt sich eine große Vielfalt. Vom umfassenden Rundumschutz über flexible Bausteinangebote (auch als Zusatz zu herkömmlichen Deckungen) bis hin zu fokussierten, reinen Cyber-Deckungen ist alles vertreten. Darin kommt auch die sehr heterogene Risikolage in den zu versichernden Unternehmen zum Ausdruck, die eine hohe Flexibilität seitens der Produkte erfordert.

Branche befindet sich im Lernprozess

Die Produktvielfalt und die technischen Produktinhalte setzen hohe Herausforderungen an die Kompetenzen des Vertriebes, was auch unsere Befragungsergebnisse widerspiegeln. Hier stimmen nämlich rund 73 % der Befragten der Aussage zu, dass sich Cyber-Versicherungen am besten über spezialisierte Vertriebspartner vertreiben lassen. Ihrem jeweiligen Standard-Vertriebsweg spricht die Mehrheit hingegen das hierfür nötige Know-how ab.

Ferner befinden sich die Versicherer in einem stetigen Lernprozess. Dies betrifft insbesondere die Datenbasis zur Kalkulation, da die bisherigen Schadenerfahrungen laut Meinung der Befragungsteilnehmer für eine risikogerechte Tarifierung mitunter nicht vollumfänglich ausreichen. Insbesondere die Rückversicherer sind hier gefragt, die notwendigen Datenpools aufzubauen bzw. zu verfeinern.

Aufgrund dieser unsicheren Datenlage in der Produktkalkulation decken aktuelle Cyber-Policen häufig nur Summen zwischen 125.000 und 2 Mio. € ab und sehen neben einem Selbstbehalt von mehreren Tausend Euro auch Zuschläge von bis zu 20 %, z.B. für Rechtsanwälte und Ärzte, vor. Diese geringen Versicherungssummen zeigen, dass häufig mehrere versicherte Risiken von einem Versicherungsfall betroffen sind, was ein Kumulrisiko darstellt. Nicht von ungefähr sind daher in der Risikoteilung von Cyber-Risiken Rückversicherer besonders aktiv geworden. Ausgehend davon, dass die Anzahl der Cyber-Attacken künftig weiter steigen und die Aufklärungsquote niedrig bleiben wird, dürfte auch der Ausgleich über das Kollektiv und über die Zeit nur begrenzt Sicherheit in der Kalkulation bringen und kaum für Beitragsentlastungen sorgen. Eine Risikoteilung zur Streuung durch Konsortiallösungen von Cyber-Versicherungen wäre ein möglicher Ausweg, um die Konkurrenzfähigkeit von Erstversicherungen zu erhöhen. Durch einen Zusammenschluss würde das Kumulrisiko gestreut und die Risikotragfähigkeit verbessert werden. Hierdurch ließen sich höhere Versicherungssummen zu günstigen Beiträgen abbilden. Hilfreich wäre hier sicherlich auch ein Erfahrungsaustausch mit Versicherern aus dem US-Cyber-Markt.

Assistance-Leistungen als möglicher Schlüsselfaktor im Wettbewerb

Die Vielfalt und die Qualität der Cyber-Produktkonstruktionen wird vielfach erst im Schadenfall deutlich. Denn gerade im Handling dieser Fälle unterscheiden sich die Anbieter deutlich. Dies bestätigen auch die Ergebnisse unserer Befragung, in welcher knapp 96 % der Cyber-Experten Assistance-Leistungen im Schadenfall einen starken bis sehr starken Einfluss auf den Absatz von Cyber-Versicherungen zusprechen. Dabei ist die Bereitstellung eines Expertenteams im Schadenfall eine der Kernleistungen der Cyber-Versicherung und damit sowohl für Versicherungsnehmer als auch für Versicherer von zentraler Bedeutung.

Denn im Fall der Fälle liegt es durchaus im Interesse des Versicherers, die Schadenhöhe zu begrenzen. Aus diesem Grund ist ein professionelles Netzwerk an spezialisierten Dienstleistern wichtig – gilt es doch, möglichst unmittelbar nach Bekanntwerden des Schadens die erforderlichen Schritte einzuleiten. Knapp 92 % der von uns befragten Cyber-Produktanbieter verfügen hierfür über eine Schadenhotline, die der Versicherungsnehmer im Krisenfall rund um die Uhr kontaktieren kann. Auf diesem Weg ist gewährleistet, dass eine Unterstützung auch dann abgerufen werden kann, wenn der Schadenfall außerhalb der regulären Arbeitszeiten oder an Sonn- und Feiertagen eintritt.

Doch mit einer Hotline allein ist es selbstverständlich nicht getan. Sie sollte im Idealfall als erster Ankerpunkt dienen, von welchem die Notwendigkeit weiterer Dienstleistungen überprüft und koordiniert wird: Im Versicherungsfall werden üblicherweise Experten unterschiedlicher Fachrichtungen benötigt. IT-Forensiker, Fachanwälte für Datenschutzrecht, Haftpflichtexperten, PR- und Kommunikationsberater. Diese Kompetenzen sollte der Versicherer im Idealfall vorhalten.

Aufgrund der niedrigen Marktdurchdringung der Cyber-Versicherung ist aktuell noch von einer hohen Erreichbar- und Verfügbarkeit der Assistance-Dienstleister auszugehen. Sollte sich der Absatz in den kommenden Jahren so rasant entwickeln, wie Experten erwarten, dürfte es hier zu einem Engpass kommen. Die Qualität und die Verfügbarkeit des Dienstleistungsnetzwerkes würde sich damit zu einem Schlüsselfaktor im Wettbewerb entwickeln.

Nicht nur im Schadenfall, sondern auch in der Schadenprävention und in der Risikobeurteilung sind besondere Cyber- bzw. IT-Kompetenzen gefragt. Erfahrungen aus dem US-Markt zeigen, dass insbesondere sorgfältige Beurteilungen des IT-Sicherheitsniveaus zweckmäßig sind, um Informationsasymmetrien zwischen Versicherungsgeber und -nehmer zu vermeiden. Versicherer sollten dann v.a. im gewerblichen und industriellen Bereich Anreize setzen, dass die Prämienzahlung in Beziehung steht zum Grad der festgestellten IT-Sicherheitshygiene. Hilfreich können dabei anerkannte Zertifizierungen sein.

Das Thema Cyber bietet Versicherern die große Chance, sich als Lotse zu positionieren, der verschiedene Leistungen koordiniert. Das reicht von der Risikobewertung über die Prävention bis zur Schadenbewältigung. Anders als in vielen Bereichen, in denen Ökosysteme rund um Kundenbedürfnisse entstehen, ist im Bereich Cyber bislang kein „Key-Player" erkennbar, der als natürlicher Integrator auftreten könnte. Versicherer könnten hier künftig eine zentrale Rolle als wesentlicher Akteur in der IT-Sicherheitslandschaft einnehmen.

Measurement of ERM maturity levels and their relevance for the insurance industry

Univ.Prof. Dr. Walter S.A. Schwaiger/Michael Brandstätter

Measuring the quality of ERM system implementations

Enterprise Risk Management (ERM) deals with the integration of risk considerations into the management systems of a company. It is a complex construct that cannot be directly measured. In the research project "Measuring and analyzing the quality of ERM systems in enterprises", which was sponsored by the Funk Foundation (Hamburg) and performed by the Institute of Management Science at the TU Wien, an ERM system was designed according to best practice considerations with a multi-perspective approach. Specifically, an ERM system was defined by using three dimensions. For measuring the quality of ERM system implementations five successively improving quality stages (maturity levels) were defined for each dimension.

The quality of management system implementations is an important driver of sustainable enterprise performance. But compared to KPIs the implementation quality is not easily quantifiable. In the context of ERM systems, there are multiple frameworks available (e.g. COSO II, ISO 31000) that go at length to what are important practices, what are the roles and responsibilities and what are the different aspects of ERM. However, it is not straightforward for firms to compare their existing risk management practices with these frameworks and to determine the quality of their ERM implementation. Furthermore, these frameworks do not offer a standard of how to communicate the quality of their systems to the stakeholders of the firm. If, say, a company is in negotiations with an insurer about the premium for a certain insurance service, a valuable information for both parties would be an objective assessment of the firm's ERM implementation quality. For getting an objective assessment it should be evidence based and it should provide a solid foundation upon which current insurance premiums and potential future discounts can be discussed.

An important objective for the ERM maturity assessment model (ERM-MA model) developed in the research project was the establishment of a prescriptive model that gives the user not only the current maturity level but also information for the improvement of the currently implemented system. For this purpose the spectrum ranging from immature, ad hoc risk management activities to a mature, best practice compliant enterprise risk management system has to be filled with intermediate development stages (i.e. maturity levels). The stages describe the quality levels that maturing systems inevitably have to progress to and that cannot be skipped in order to achieve higher maturity levels. In the research project the ERM-MA model specification was also used as the basis for the development of a web-based IT tool – called Maturity Assessment & Monitoring (MA&M)-Online tool – that provides a questionnaire for making self-assessments. This tool was used to perform the empirical investigation concerning the quality of ERM system implementations in German and Austrian companies.

From silo risk management to ERM systems

The three dimensions of the ERM-MA model are depicted in Figure 1. As ERM systems deal with the integration of risk information into the management systems of a company the ERM-MA model has two pillars, i.e. the dimension B) that deals with the generation of risk information (information provider) and the dimension C) that deals with the usage of risk information (information user) in different planning and control systems. On top of the two pillars is the "roof" in form of the ERM governance. The governance is the master mind that is needed for ensuring the consistency among the two pillars.

The two pillars of the ERM-MA model are needed for delivering benefits for implementing good ERM systems. The generation of risk information alone in the sense of "risk accounting" is not sufficient. The information must be utilized to make better decisions in strategic, financial and operational management. Furthermore, the interplay between the risk information providing and the risk information usage has to be managed appropriately. The appropriate management can be ensured by having a predetermined risk strategy, risk understanding and risk organization. These three aspects form the "plan" (governance) that the ERM system implementation follows.

```
                    ┌─────────────────────────┐
                   ╱   A) ERM-Governance       ╲
                  ╱     (ERM-Master mind)       ╲
                 ╱───────────────────────────────╲
```

B) Risk Manage-	C) Risk-based
ment System	Planning and
Generating	Control Systems
risk information	Using
(Info-provider)	risk information
incl. risk	(Info-user)
management in	in traditional
isolated systems	management systems

Figure 1: Information based perspective on three dimensional ERM construct

In each of the three dimensions there are five maturity levels defined that range from ad hoc implementations to best practice implementations. This range and intermediate progression shows very clearly in the dimension B. There, risk management practices range from partial, silo-oriented approaches to coordinated and harmonized enterprise-wide practices. The coordinated and harmonized approach ensures that different domains (e.g. procurement, production, etc.) use compatible methods in their risk management processes, so that related risks can be tracked and aggregated throughout the whole organization. Consequently, the generated risk information can be used in all management domains, i.e. in the operational, the financial and the strategic management.

Assessing quality levels of ERM system implementations

Due to the complex nature of ERM systems each of the three dimensions of the ERM-MA model is sub-divided into three sub-dimensions. The nine sub-dimensions of the ERM-MA model are as follows:

A1: Risk strategy

A2: Risk understanding

A3: Risk organization

B1: Risk management process

B2: Risk management training system

B3: Risk management information system
C1: Strategic management system
C2: Financial performance management system
C3: Operative process management system

		Maturity Level				
		ML 1	ML 2	ML 3	ML 4	ML 5
Sub-dimensions	**A1: Risk Strategy**	is documented for specific domains	is managed	is documented and managed enterprise-wide	is aligned with corporate objectives	Interactively managed by top management
	B1: RM-Process	is implemented in specific domains (silo-oriented)	is monitored	is implemented enterprise-wide and coordinated	includes enterprise-wide risk aggregation	
	C1: Strategic MGT System	Risk limit systems	Key risk-based planning systems (incl. strategy and objective setting)	Key risk-based control systems (i.e. performance management)	Management systems with risk-adjusted performance measures	

Figure 2: ERM maturity model – progressive maturity level specifications (examples)

For each sub-dimension there are five maturity levels defined. Figure 2 shows examples for the maturity level definition in one particular sub-dimension for the A), B) and C) dimensions. The guiding ideas for the specification of the maturity levels of the ERM-MA model stem from risk management standards and best practices ERM frameworks, i.e. ISO 31000 Risk Management (2009), IIR 3-Lines-of-Defense model (2013) and COSO ERM framework (2017).

For measuring the maturity levels each sub-dimension has objective evidence-based indicators assigned to that are progressively arranged over the successively increasing maturity levels. Hence, to determine the quality of the ERM system implementation, the presence of the indicators is checked. In the MA&M-Online tool a smart online questionnaire is implemented that poses questions to the different indicators. By responding to questions, participants reveal which indicators are present in their ERM system implementations.

Results of the ERM Maturity Assessment

Participants of the self-assessment get information about their current maturity level in each sub-dimension (ERMMA Profile in the left panel of Figure 3) as well as aggregated scores for the three dimensions and an overall score (in the right panel). For the overall scores also the relative rank w.r.t. to all participants of the study is provided as benchmark information. Finally, the missing indicators for achieving the next higher maturity level are provided for each sub-dimension.

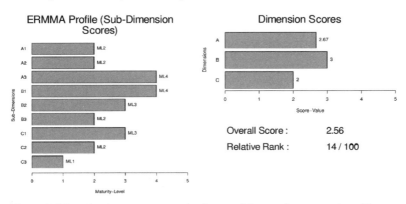

Figure 3: Maturity Assessment results for participants (scores and rank)

Results of the ERM Maturity Assessment

In 2018, 50 German firms participated in the ERM maturity assessment. The sample mainly contains incorporated firms (72 %) in form of limited liability companies (about 2/3) and public limited companies (1/3). More than 90 % of participating firms have a public auditing. Figure 4 presents the distribution of all scores, i.e. maturity levels in each sub-dimension as well as aggregated maturity level scores for the dimensions and an overall score in form of boxplots. The results show, that enterprise-wide risk management approaches (starting at ML3) are taken in a minority of firms only. Nearly half the survey population is stuck at maturity level 1, where risk management is limited to silo-oriented approaches.

Measurement of ERM maturity levels and their relevance

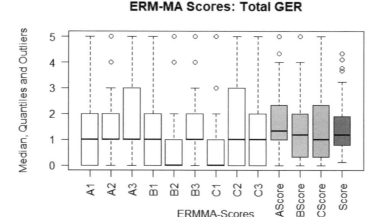

Figure 4: ERMMA-Scores (GER) – Median, Quartiles, Outliers

A major finding is that risk information is far more integrated into operational (C3) and financial (C2) decisions than it is into strategic decisions (C1). This is especially noteworthy, since the integration of risk information at the strategic management level is a main topic of ERM frameworks such as COSO II. The reason for this might be that only 25 % of the survey participants have an enterprise-wide risk management process in place (at least ML3 in B1), and for possessing the aggregated risk information for the strategic management a level 4 ERM implementation level is needed. In the dimension B), i.e. the risk management system dimension, the survey shows that half of the population does not have any programs in place to train employees in risk management.

For comparison, the mean and median scores of all sub-dimensions as well as the aggregate scores are presented for German and Austrian firms in Figure 5. The Austrian results stem from a separate study that was performed in 2017 in Austria with the MA&M-Online tool. 71 firms participated in this study, where the sample distribution in terms of firm size is comparable with the German study (GER: 52 % > 500 employees; AUT: 54 % > 500 employees).

Results of the ERM Maturity Assessment

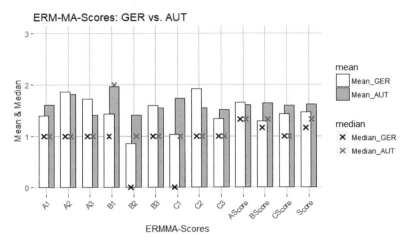

Figure 5: ERMMA-Scores (GER vs. AUT) – Mean & Median comparison

Differences in the median values can be observed in the risk management process (B1), risk management training (B2) and the integration of risk information in strategic management (C1). In these ERM sub-dimensions the Austrian companies have clearly higher values compared to the German firms. According to this finding it can be concluded that improvements in the quality of the RM process (B1) are accompanied with a better integration of risk information in strategic management (C1). The opposite is true for the integration of risk information into financial management (C2). In this sub-dimension the German companies have higher maturity levels.

Interesting insights show by splitting the population of German companies according to the firm's size into two groups (Figure 6). In each ERM sub-dimension, larger firms show a better average maturity level, although differences in the median cannot be observed as frequently. It seems that, while the lower half of the two groups have quite similar ERM implementations, large firms that put more effort into ERM adoption are more effective than their smaller counterparts. Or, put differently, the better half of large firms in terms of ERM implementation outscore the better half of small firms by a much bigger margin than it is the case for the worse half. This also shows in the total score ("Score") column where differences in the median are much smaller than in the mean. Concerning the understanding of risk (A2) there is no difference among large and small firms. Finally, large firms have a better risk organization (A3) which seems to have a positive effect on the quality of the risk management process (B1).

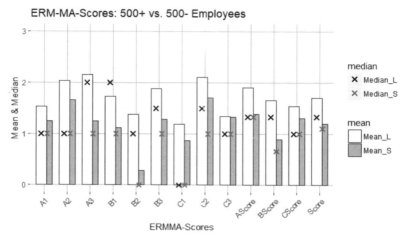

Figure 6: ERMMA Scores comparison: 500+ (L) vs. 500- (S) employees

Relevance of ERM maturity levels for the insurance industry

An ERM-MA self-assessment gives important feedback to the participants concerning the achieved ERM system implementation quality and the indicators needed to improve the system's implementation to the next quality levels. For the case that the indicator feedback is not clearly understandable for the participants, consultants are needed. For such a consulting service diligent brokers and insurers might be a perfect partner to provide the expertise and to coach the company for improving the ERM quality. The collaboration could begin with the specification of a target ERM profile (i.e. target maturity levels for the different sub-dimensions). Subsequently, the improvement actions could be specified and guided. This coaching has two advantages. It increases the value the broker and insurer have for the company, and it helps to disclose information about risk management practices that the broker and insurer need for creating and pricing tailored insurance services. Last but not least, this consulting relationship should be helpful for creating a distinct positioning to emerging competitors in form of "InsureTech's".

Maschinelles Lernen: Wie künstliche Intelligenz die Versicherungswirtschaft verändert

Dr. Christian Eckert/Dr. Johanna Eckert

Einleitung

Die digitale Transformation hat auf Unternehmen nahezu aller Branchen sehr große Auswirkungen, so auch auf Versicherungsunternehmen. Zwar findet die digitale Transformation in der Versicherungsindustrie im Vergleich zu anderen Branchen eher spät statt, sie nimmt mittlerweile aber stark an Tempo zu. Neben Big Data, Internet of Things, Blockchain und Cloud-Computing ist insbesondere die künstliche Intelligenz ein Treiber der Digitalisierung.[1]

Unter künstlicher Intelligenz versteht man die Fähigkeit, von Maschinen bestimmte kognitive Funktionen wie das Lernen oder das Lösen von Problemen zu beherrschen.[2] Dank künstlicher Intelligenz sind Maschinen fähig, bestimmte Aufgaben von Menschen zu übernehmen und diese mindestens genauso gut zu erledigen. Insbesondere im Zusammenspiel mit Big Data zeigt sich das Potential künstlicher Intelligenz. Nur mit deren Hilfe ist es möglich die schiere Menge an strukturierten und unstrukturierten Daten effizient zu bewältigen und daraus Schlüsse ziehen zu können. Dabei ist das maschinelle Lernen – ein Teilgebiet der künstlichen Intelligenz – in besonderem Maße relevant.

In diesem Beitrag geben wir eine kurze Einführung zu maschinellem Lernen und erläutern welche Fähigkeiten darauf basierende Modelle haben können. Anschließend gehen wir auf Anwendungsmöglichkeiten von maschinellem Lernen in der Versicherungswirtschaft ein.

---

1 Vgl. Eling, M. & Lehmann, M. (2018). The Impact of Digitalization on the Insurance Value Chain and the Insurability of Risks. The Geneva Papers, 43, 359–396.
2 Vgl. Russell, S. & Norvig, P. (2009). Artificial Intelligence: A Modern Approach. Upper Saddle River, New Jersey: Prentice Hall.

Was ist maschinelles Lernen?

Maschinelles Lernen gilt als entscheidendes Teilgebiet der künstlichen Intelligenz, um aus Daten zu lernen und darauf basierend Entscheidungen zu treffen. Im Unterschied zu traditionellen Algorithmen, bei denen vorgegebene Transformationsregeln aus einem vorgegebenen Input einen Output generieren, lernen Algorithmen, die maschinelles Lernen verwenden, basierend auf vorgegebenen Inputs und Outputs (Trainingsdaten) eigenständig die Transformationsregeln. Aus Beispielen wird so ein komplexes Modell entwickelt. Demzufolge liefert maschinelles Lernen einen Ausweg, wenn die Programmierung des Lösungswegs zu komplex ist und die Prozesse zu kompliziert sind, um sie analytisch zu beschreiben, es allerdings genügend Daten gibt, um das Modell zu trainieren. Ohne diese Transformationsregeln zu kennen oder beschreiben zu können, ist es so dennoch möglich Entscheidungen, Vorhersagen oder Handlungsempfehlungen zu generieren. Manche Modelle sind zudem in der Lage zu beurteilen, mit welcher Wahrscheinlichkeit ihre Ausgabe korrekt ist.[3]

Für die Qualität eines Modells ist die Quantität und Qualität der zugrundeliegenden Daten äußerst wichtig. Je nach Einsatzgebiet bieten sich zum Training eines Modells Daten aus verschiedenen Quellen an. Neben unternehmenseigenen Daten und Daten von Drittanbietern, gibt es die Möglichkeit, über Sensoren – beispielsweise in Fahrzeugen oder Immobilien – Daten über Kunden zu sammeln. In der Praxis gibt es zudem in einigen Fällen die Möglichkeit, bereits trainierte Modelle zu nutzen.[4]

Bisherige Modelle verfügen über schwache künstliche Intelligenz, das heißt ihre Fähigkeiten beschränken sich auf ein enges Gebiet. Dabei gibt es jedoch Modelle mit verschiedenen Fähigkeiten. Zu diesen Fähigkeiten gehören unter anderem Muster- und Anomalie-Erkennung, das Klassifizieren von Objekten, die Schätzung und Vorhersage von Werten und basierend darauf die Empfehlung bestimmter Handlungen oder das automatische Treffen von Entscheidungen.

---

3 Vgl. Fraunhofer (2018). Maschinelles Lernen – Eine Analyse zu Kompetenzen, Forschung und Anwendung.
4 Vgl. Deloitte (2017). From Mystery to Mastery: Unlocking the Business Value of Artificial Intelligence in the Insurance Industry.

Was ist maschinelles Lernen?

Eine bedeutsame Teilmenge des maschinellen Lernens ist das sogenannte Deep Learning. Deep Learning nutzt künstliche neuronale Netze, um aus einem bestimmten Input einen Output zu erzeugen.

Beim Deep Learning werden die beobachteten Daten in einen Input Layer eingegeben. Diese werden dann an eine zweite Schicht bestehend aus sogenannten Neuronen weitergeleitet. In den Neuronen werden die Daten mit Hilfe sogenannter Aktivierungsfunktionen verarbeitet und von dort an eine dritte Schicht, ebenfalls bestehend aus Neuronen, gesendet. Dieser Prozess wird dann für alle sogenannten Hidden Layers wiederholt. Schließlich wird das Ergebnis in der letzten Schicht, Output Layer, ausgegeben.

Abbildung 1 stellt beispielhaft ein künstliches neuronales Netz dar. Hier gibt es drei Eingangsneuronen im Input Layer. Des Weiteren besteht das künstliche neuronale Netz aus zwei Hidden Layers, wovon einer aus drei und der andere aus zwei Neuronen besteht. Der Output Layer besteht hier schließlich aus einem Ausgangsneuron. Für die Berechnungen innerhalb der jeweiligen Neuronen müssen Aktivierungsfunktionen spezifiziert werden.

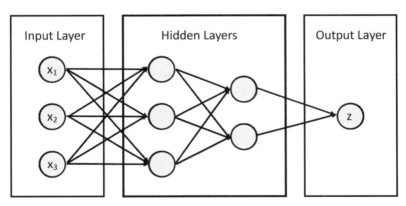

Abbildung 1: Beispiel eines künstlichen neuronalen Netzes mit zwei Hidden Layers

Deep Learning kommt vor allem in der Sprachverarbeitung, der Objekterkennung, der Mustererkennung sowie in der Analyse von Bild-, Video-, Sprach- und Textdaten zur Anwendung. So ermöglicht Deep Learning Sprache zu erkennen und in Text umzuwandeln, eine Analyse von Tonalität und Stimmung in Sprache und Texten, oder Sprache und Text zu generieren sowie Unterhaltungen zu führen. Des Weiteren können mit Hilfe von Deep Learning Objekte auf Bildern erkannt werden und auch Szenen in Bildfolgen und Videos verstanden werden. Ebenso ist es durch solche Modelle möglich, multimodale Inhalte wie Bild-, Text- und Audiodaten zu kombinieren und aus diesen Schlüsse zu ziehen.

Maschinelles Lernen in der Versicherungspraxis

Im Folgenden stellen wir Einsatzgebiete für maschinelles Lernen in der Versicherungspraxis vor. Entlang der Wertschöpfungskette von Versicherungsunternehmen bietet maschinelles Lernen hierfür in sehr vielen verschiedenen Bereichen Potential. Die größten Chancen bestehen dabei in den Bereichen Underwriting/Neugeschäft und Schadenmanagement.[5]

Mit Hilfe maschinellen Lernens können beispielsweise Zusammenhänge in Daten besser identifiziert und somit Risiken genauer modelliert und bewertet werden. Durch verfeinerte Risikoprofile können Versicherungsunternehmen so in der Tarifierung profitieren. Weitere Anwendungen erlauben Vorhersagen wie Kunden wahrscheinlich auf Beitragsanpassungen reagieren werden und ermöglichen es dadurch im Underwriting Preiselastizitäten besser auszunutzen. Zudem liefert maschinelles Lernen eine bessere Prognose der erwarteten Länge der Vertragsbeziehung und demzufolge eine intelligentere Auswahl der Kunden. Schließlich gibt es Verfahren, die Versicherungsunternehmen erlauben die Tarifierung von Wettbewerbern besser zu analysieren und zu verstehen und damit einen Wettbewerbsvorteil zu erlangen.[6, 7]

Über die Automatisierung von Prozessen kann die Interaktion mit Kunden nicht nur im Neugeschäft durch maschinelles Lernen effizienter gestaltet werden. Im Kundenkontakt helfen entsprechende Modelle bei der automatischen Interaktion unter Berücksichtigung

---

5 Vgl. Naujoks, H., Müller, F. & Kotalakidis, N. (2017): Digitalization in Insurance: The Multibillion Dollar Opportunity. Bain & Company.
6 Vgl. Kotalakidis, N., Naujoks, H. & Müller, F. (2016). Digitalisierung der Versicherungswirtschaft: Die 18-Milliarden-Chance. Bain & Company.
7 Vgl. Aktuar Aktuell (2019). Wie Big Data und Machine Learning die Schadenversicherung verändern.

bisheriger Informationen aus verschiedensten Kanälen wie Briefen, E-Mails, Telefonaten. Mit Hilfe maschinellen Lernens sind digitale Versicherungsagenten in der Lage aus vorhandenen Daten zu lernen und sich so besser auf die Kunden einzustellen. Im Rahmen einer Kundensegmentierung ermöglichen Empfehlungsdienste Kaufempfehlungen für Kunden und Wahrscheinlichkeiten von Up- und Cross-Selling-Potentialen auf Basis bisheriger Verkaufsdaten und anhand des bisherigen Verhaltens ähnlicher Kunden zu bestimmen. Basierend darauf kann durch entsprechende Ansprache der Kunden der Umsatz gesteigert werden. Zudem erlaubt maschinelles Lernen im Rahmen eines Churn-Managements einzelnen Verträgen Stornowahrscheinlichkeiten zuzuordnen und somit Verträge mit erhöhter Stornowahrscheinlichkeit zu erkennen. Versicherungsunternehmen können dann Maßnahmen identifizieren, mit denen sich Storno möglicherweise vermeiden ließe und in lohnenswerten Fällen so proaktiv auf die entsprechenden Kunden zugehen.[8]

In Verbindung mit einem entsprechenden Produktdesign (Usage-based Insurance) bietet sich sogar die Möglichkeit, individuell an den Kunden angepasste Policen in kurzer Zeit automatisch zum Vertragsabschluss zu bringen, was wiederum dem Kundensupport hilft mehr Zeit für die komplexeren Fälle zu haben. Bislang sind solche Policen allerdings hauptsächlich in den Sparten Hausrat und Privathaftpflicht zu finden aufgrund dessen, dass komplexere Produkte noch nicht abgebildet werden können. Im Bereich der Produktentwicklung allgemein ermöglicht maschinelles Lernen wiederum eine schnellere und kosteneffizientere Produktinnovation. Zudem lassen sich basierend auf Kundenfeedback mit Hilfe von Mustererkennung neue Produkte zielorientierter gestalten.

Auch im Schadenmanagement und in der Bestandsverwaltung/Vertragsbearbeitung bietet maschinelles Lernen die Möglichkeit, Prozesse zu automatisieren, dadurch die Prozesse zu beschleunigen und zu einer höheren Kundenzufriedenheit zu führen. Idealerweise werden beispielsweise die Schadenhöhe automatisch berechnet und die Auszahlung automatisch in die Wege geleitet – wie im Falle der Smart Contracts. Neben einer besseren Schätzung der Schadenreserven be-

---

8 Vgl. Eckert, C., Neunsinger, C., Osterrieder, K. (2019). Overview and Use Cases of Digital Transformation: How Digitalization Affects the IT Management of Insurance Companies. Working Paper, Friedrich-Alexander University Erlangen-Nürnberg (FAU).

steht auch in der Betrugserkennung mit Hilfe von maschinellem Lernen sehr großes Potential. Durch entsprechend trainierte Modelle lassen sich Schadenfälle identifizieren, die eine erhöhte Betrugswahrscheinlichkeit besitzen und sich daher lohnen vom Versicherungsunternehmen genauer untersucht zu werden.[9]

Von einer Automatisierung von Prozessen kann außerdem das Risikomanagement profitieren. Beispielsweise lassen sich so automatisierte Reportings erstellen oder automatisch Risikotransfer einholen. Dies erleichtert der Unternehmensführung auf Daten gestützte Entscheidungen zu treffen.[10]

Insgesamt lässt sich maschinelles Lernen daher an vielen Stellen der Wertschöpfungskette einsetzen. Fokus liegt dabei oft auf einer Verbesserung des Kundenservice und damit steigender Kundenzufriedenheit.

Diskussion und Zusammenfassung

Basierend auf einer Einführung zu maschinellem Lernen haben wir verschiedene Anwendungen von maschinellem Lernen in der Versicherungspraxis beschrieben. Hürden bei der Einführung solcher Anwendungen für Versicherungsunternehmen sind neben dem nötigen Aufbau von Know-how insbesondere die Sicherstellung des Datenschutzes, das Bereitstellen der benötigten Trainingsdaten, eine ausreichende Datenqualität und die häufige Intransparenz der Modelle.

Versicherungsunternehmen unterliegen strengen regulatorischen Anforderungen, die auch bei der Anwendung von maschinellem Lernen eingehalten werden müssen.[11] Beispielsweise darf bei der klassischen Tarifierung basierend auf Risikofaktoren mittels eines allgemeinen li-

---

9 Vgl. Eckert, C., Neunsinger, C., Osterrieder, K. (2019). Overview and Use Cases of Digital Transformation: How Digitalization Affects the IT Management of Insurance Companies. Working Paper, Friedrich-Alexander University Erlangen-Nürnberg (FAU).

10 Vgl. Eling, M. & Lehmann, M. (2018). The Impact of Digitalization on the Insurance Value Chain and the Insurability of Risks. The Geneva Papers, 43, 359–396.

11 Vgl. Balasubramanian, R., Libarikian, A. & McElhaney, D. (2018). Insurance 2030 – The Impact of AI on the Future of Insurance. McKinsey & Company.

nearen Modells nicht nach Geschlecht diskriminiert werden. Wäre das Geschlecht tatsächlich ein relevanter Risikofaktor und erfolgt die Tarifierung mittels eines neuronalen Netzes, ist es realistisch anzunehmen, dass das neuronale Netz diesen Einfluss erkennt und berücksichtigt. Neuronale Netze lassen sich allerdings kaum interpretieren und sind schlecht nachvollziehbar. Die aktuelle Forschung im Bereich maschinellen Lernens zielt daher darauf ab die Modelle nachvollziehbarer und transparenter zu gestalten.

Weitere aktuelle Forschung im Bereich maschinellen Lernens fokussiert sich auf die Herausforderung, dass in vielen Anwendungssituationen immer wieder sehr viele Daten neu hinzukommen. Hier gilt es dann Modelle zu entwickeln, die sich besser auf eine veränderte Umgebung einstellen können, besser zusätzliches Wissen einbauen und robuster sind. Zudem benötigen die meisten Modelle eine große Menge an Trainingsdaten, weswegen Modelle erstrebenswert sind, die mit weniger vorhandenen Daten auskommen.

Regulatory Non-Compliance – Life Science's Omnipresent Risk

Petra Mates/Christian Höft

During the last 20 years, the Life Science Industry and its regulatory landscape have changed significantly. New medical device developments, innovative drug technologies and increased automation of production processes call for a wider range of rules and regulations. Increasing mergers and acquisitions activity requires financing and in-depth due diligence, but also brings the challenge of integrating contrasting manufacturing cultures and ingrained working practices.

Regulators are trying to keep pace with these changes through consultation and increased scrutiny. Financial losses caused by these regulatory risks happen – routinely and with greater impact than any hurricane, fire or flooding. Munich Re estimates that regulatory risk losses have been more than six times higher than NatCat losses (since 2000). The following article illustrates this reality and aims to motivate Life Science companies as well as their investors and financial consultants to look for new ways to mitigate regulatory risk.

New and more innovative manufacturing

In recent years, governments, insurers, hospitals and patients have exerted increasing pressure on the Life Science industry to reduce drug prices whilst providing higher-quality care through developing new drugs and treatments [1]. These novel classes of drugs require new and innovative manufacturing processes and monitoring techniques.

Despite lengthy regulatory approval processes, Process Analytical Technology [2] is becoming more mainstream to meet the challenge of more complex New Chemical Entities and less predictable biologics processes. They provide increased visibility of critical parameters, thereby decreasing the likelihood of manufacturing irregularities [1].

Continuous manufacturing [1, 3, 4] (i.e. processes where input materials continuously move through production stages without a break) vs. traditional batch production (where each batch is manufactured in discrete stages) has now also come into focus in the Life Science industry in order to reduce costs, factory space and processing time.

In the medical devices sector, the advent of 3D printing has had a positive impact on the affordability of prosthetic limbs and the manufacturability of personalised medical devices.

The technological landscape has changed, as new classes of drugs and devices become more demanding and complex in development, scale up and manufacturing. Consequently, regulators are rising to the challenge to assess these new manufacturing methods and facilities.

Increased Global Outsourcing and Mergers & Acquisitions – Increased regulatory risk

Trends around regulatory activity and scrutiny over the last two decades are aligned to increased outsourcing of manufacture and the acceleration in Mergers & Acquisitions activities in the Life Science Industry.

Global Outsourcing drivers include:

- Reduced Research & Development costs (average R&D cost of a new API is estimated at US$2.6bn [16]) through partnerships and licensing agreements with small start-ups, universities and biotech companies as well as the use of external clinical trial expertise
- Reducedmanufacturing costs and overheads through use of specialized Contract Development Manufacturing Organisations (CDMO), for development and commercial production
- In particular drug companies with vast portfolios can produce more cost effective through outsourcing to CDMOs
- Small start-up and biotech companies do not have development and manufacturing expertise inhouse, making external partnerships a necessity for drug approval and launch

Which may result in:

- Greater complexity of supply chains, which results in increased likelihood of disruption

- Critical dependency on CDMOs, of which some can be a "sole source" (in some cases for the entire industry)
- Lack of direct control of manufacturing and quality, implying an increased likelihood of manufacturing deficiencies
- Lack of leverage over supplier/CDMO due to competing priorities and relatively low spend

Mergers & Acquisitions drivers include:

- Financial pressure and the promise of post-merger synergies delivering more sales from a reduced supply base
- Competitive pressure and elimination of competitors [9]
- Shift from volume-based to value-based approach in mature markets (e.g. meeting the demand for higher quality products) [9]
- Improved demographic, political and economic circumstances in new markets [9]
- Desire to improve market share by expanding/diversifying portfolio and benefit from synergies where possible

Which may result in:

- Producing in new markets and therefore in a different regulatory environment [9, 10]
- Inheriting open quality assurance issues (e.g. unresolved issues with the regulators, under-resourcing, aged assets) [11]
- Manufacturing Standards, Computer Systems and data integration challenges [10]
- Workforce issues (e.g. cultural differences, level of education and skills) [10]
- Adoption of fragile, existing supply chains [10, 11]

The consequence: Increased Regulatory Intervention

Based on public incident data, Munich Re experts have analysed the manufacturing related enforcement actions of the regulators in detail, and created an overview of historical trends, which focuses on the US.

One particular dataset, FDA Inspection Report Results, is a good indicator of the compliance performance of all facilities registered with the FDA, in particular inspections focussing on Drug Quality Assurance (DQA). If non compliances are detected during inspection, voluntary (VAI) or official action (OAI) is required. Analysis of total Quality Assurances VAIs and OAIs shows a distinct upward trend over last 10 years.

For each VAI or OAI inspection result, there will be one or more observations that arise from deviations from cGMP standards. The root cause (citation) of these observations has been analysed in greater detail in the chart below. By far the most frequently cited reason for deviation reflects a lack of process discipline, reliability and control:

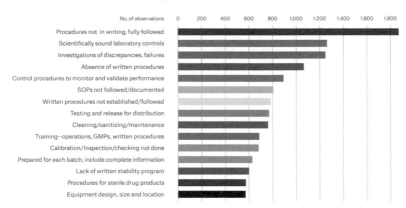

Figure 1: Top 15 Good Manufacturing Practice Observations cited by the FDA from 2006 to 2017'

Of greatest interest are the emerging risks i.e. the observations that first appeared in the Top 15 in 2015 or 2016, which include Environment Monitoring, Cleaning System, Computer Control of Records and Test Methods (see Figure 2).

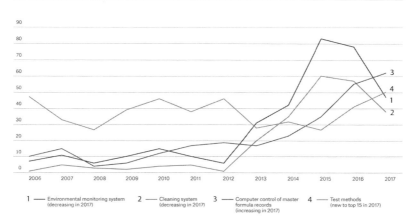

Figure 2: Fastest Growing Risks; From 'Most Cited Observations' for 2015 and 2016

The data shows a rise in non-compliant Test Methods and Computer control of master formula records. The latter is indicative of questionable quality data management activities, and its steady rise since 2015 coincides with the significant increase in the proportion of inspections taking place in emerging countries such as India.

As production processes become increasingly automated, the dependency on data for quality control and decision making will only grow. Hence Munich Re anticipates that regulator's increased focus on data integrity and test methods will not change in the foreseeable future.

Windstorm vs Warning Letter – or: how big a risk is Regulatory Non-Compliance?

With all that in mind – economics driving shift to more complex supply chains, reduced control due to outsourcing activities as well as increasing regulatory oversight – how big is the Regulatory Non-Compliance risk and how does it materialise?

Munich Re estimates that business interruption (BI) losses due to Supply Chain Regulatory Non-Compliance since the year 2000, which include suspension of manufacture forced by Regulators and voluntary shutdowns, have cost the Life Science Industry more than USD 13 Billion. Such suspensions or shutdowns can be triggered by various events, such as an adverse regulatory inspection, facility contamination, import ban or faulty, contaminated or out of specification materials.

In stark contrast, insured "Damage" BI losses since 2000 are estimated at a total of around USD 2 billion. One reason for this might be that Life Science production facilities are generally very well built, maintained and protected.

For example, in 2017, windstorm "Maria" hit Puerto Rico, an important centre of Life Science manufacturing. Public data on Mylan, a global pharmaceutical company, shows that continuous efforts to make their facility hurricane resilient had paid off – the hurricane damage was minimal [12].

In contrast, during the same time period 2017/2018, Mylan suffered three Regulatory Non-Compliance BI losses:

- Mylan's own site in Morgantown received a 32-page 483 & FDA Warning Letter – resulting in 2018 remediation costs and lost sales of ~USD355M [13]
- Mylan's own site in Hyderabad India lost its EDQM Certificate of Suitability and recalled Valsartan & Amlodipine due to carcinogen contamination – as of December 2017, cost of these recalls were USD 22.6M [14, 15]
- Mylan's supplier, Pfizer's Meridian Medical received an FDA Warning Letter for failure to investigate complaints. This triggered global recalls and multi market shortages of EpiPens The drop in sales impacted Mylan directly (~USD 100M over the last 2 years) [16].

To sum up, regulatory non-compliance is silent risk – not big in the general news but very present for the companies concerned. If a manufacturing issue has arisen that requires significant remediation, companies will be looking at a lengthy period of process disruption with unexpected costs, potential loss of revenues and loss of investor and patient confidence.

Citations & Sources

1. American Pharmaceutical Review – A 20 Year Retrospective: The Pharma Industry Then and Now, Shaukat Ali, Robert Dream, Maik Jornitz, Eric S. Langer, Girish Malhotra, Donald Singer, Dr. Ghulam Shabir, David Elder, Rodolfo J. Romañach, October 2018, https://www.americanpharmaceuticalreview.com/Featured-Articles/354573-A-20-Year-Retrospective-The-Pharmaceutical-Industry-Then-and-Now/

2. Guidance for Industry PAT – A Framework for Innovative Pharmaceutical Development, Manufacturing, and Quality Assurance, U.S. Department of Health and Human Services Food and Drug Administration, September 2004, https://www.fda.gov/media/71012/download

3. PHYS.ORG – Drug companies warm up to continuous manufacturing, American Chemical Society, May 2019, https://phys.org/news/2019-05-drug-companies.html

4. Fraunhofer Institute for Microengineering and Microsystems IMM – Sustainable Drug Synthesis, October 2019, https://www.imm.fraunhofer.de/en/innovation-fields/drug-synthesis.html

5. Drug Development & Delivery – Formulation development – KinetiSol: A new Processing Paradigm for Amorphus Solid Dispersion Systems, November 2012, https://drug-dev.com/kinetisol-a-new-processing-paradigm-for-amorphous-solid-dispersion-systems/,

6. Capsugel (Lonza) – Lipid and Liquid-Based Formulations, 2019, https://www.capsugel.com/service-suites/lipid-and-liquid-based-formulations

7. Pharmaceutical Dispersion Techniques for Dissolution and Bioavailability Enhancement of Poorly Water-Soluble Drugs, Xingwang Zhang, Huijie Xing, Yue Zhao, Zhiguo Ma, June 2018 https://www.ncbi.nlm.nih.gov/pmc/articles/PMC6161168/

8. In-Pharma Technologist.com – Novartis to outsource API supply and cut 320 jobs in Ireland, Ben Hargreaves, October 2019, https://www.in-pharmatechnologist.com/Article/2019/10/28/Novartis-to-outsource-API-and-close-production-building?utm_source=newsletter_daily&utm_medium=email&utm_campaign=04-Nov-2019&c=iSKXDDXexy9hVL%2F5MljM9EFhkuMhIafo&p2=

9. Deloitte – M&A trends in life sciences and health care: Growth at the global intersection of change, Phil Pfrang & Scott Venus, September 2014, https://www2.deloitte.com/us/en/pages/life-sciences-and-health-care/articles/mergers-and-acquisitions-trends-survey-life-sciences.html

10. EPM Magazine – Merger mania in life sciences: 8 key risks of M&A, Alexandre Alain, October 2016, https://www.epmmagazine.com/news/merger-mania/

11. Global PMI Partners – Top 5 Hazards in Pharma Post-Merger Integration, Ed Morris, https://gpmip.com/top-5-hazards-in-pharma-post-merger-integration/

12. Eye of the Storm – Years of planning and preparation positioned Mylan facility to weather devastating Hurricane Maria, FM Global, September 2018, https://www.fmglobal.com/insights-and-impacts/2018/eye-of-the-storm

13. FDA – Mylan Warning Letter, November 2018, https://www.fda.gov/inspections-compliance-enforcement-and-criminal-investigations/warning-letters/mylan-pharmaceuticals-inc-557903-11092018

14. CardiovascularBusiness – Mylan expands valsartan recall to all unexpired lots in US, Daniel Allar, December 2018, https://www.cardiovascularbusiness.com/topics/hypertension/mylan-valsartan-recall-all-unexpired-lots-us#:~:text=Mylan%20Pharmaceuticals%20expanded%20its%20voluntary,the%20FDA%20announced%20Dec.%204.&text=The%20manufacturer%20said%20the%20recalls,being%20detected%20in%20the%20drugs.

15. EDQM – Update on the review of CEP applications for sartans, Council of Europe, November 2018, https://www.edqm.eu/en/news/update-review-cep-applications-sartans

16. FDA – Meridian Medical Technologies, Inc., a Pfizer Company Warning Letter, September 2017, https://www.fda.gov/inspections-compliance-enforcement-and-criminal-investigations/warning-letters/meridian-medical-technologies-inc-pfizer-company-525881-09052017

17. The $2.6 billion pill – methodologic and policy considerations. Jerry Avorn, MD, May 2015 https://www.nejm.org/doi/full/10.1056/NEJMp1500848?query=recirc_curatedRelated_article

Versicherung und Entwicklungszusammenarbeit – Kann das funktionieren?

Dr. Franz Karmann

Klimawandel, Compact with Africa – nur zwei Bereiche, in denen die Entwicklungszusammenarbeit versucht, die private Versicherungswirtschaft für die Bewältigung der existierenden Probleme zu gewinnen. Der Artikel beleuchtet die Möglichkeiten der Kooperation, die Grenzen und Fehler der Vergangenheit und neue Ideen für eine effektivere Zusammenarbeit.

Die G7-Staaten haben in 2015 die Initiative „InsuResilience" ins Leben gerufen. Ziel der Initiative war (und ist) es, 400 Mio. Menschen einen Zugang zu Versicherung zu gewähren, die bis dato von diesem Zugang ausgeschlossen sind.[1] Das Programm zielt dabei speziell auf die „arme Bevölkerung" (poor people) ab und ist bis heute eine der bekanntesten Initiativen im Bereich Zusammenarbeit zwischen Geberländern und deren Umsetzungsorganisationen[2] und privater Versicherungswirtschaft.

Neben Initiativen wie „InsuResilience" gibt es noch viele andere Bereiche, in denen die öffentliche Hand die Zusammenarbeit mit der privaten Versicherungswirtschaft sucht. Im Folgenden sollen exemplarisch drei Bereiche genannt werden.

Private Versicherung als (Equity) Investor

Die Prämieneinnahmen der Versicherungsgesellschaften müssen sicher und dennoch ohne Inflationsverluste angelegt werden. Im Zuge der anhaltenden Nullzinspolitik ist die Suche nach geeigneten Investments eine der zentralen Herausforderungen. Daher ist es naheliegend, dass die öffentliche Hand konkret Versicherungsgesellschaften

---

1 Siehe http://www.climate-insurance.org/fileadmin/mcii/pdf/G7_Climate-Risk-Insurance_Background-Paper.pdf.
2 Im Folgenden wird der Einfachheit halber von „öffentlicher Hand" gesprochen.

anspricht, um als Investor aufzutreten. Als Beispiel sei hier die Allianz mit ihrem Investment in den Emerging Africa Infrastructure Fund (EAIF) genannt.[3] Problematisch ist aber hierbei, dass eigentlich nur große Erst- und v.a. Rückversicherungsgesellschaften angesprochen werden, die genügend Flexibilität in ihren Anlagerichtlinien haben, um entsprechende Investments tätigen zu können. Viel Kapital bleibt so noch ungenutzt.

Versicherungsprogramme

Größere Entwicklungsbanken legen regelmäßig Versicherungsprogramme auf, an denen sich die private Versicherungswirtschaft beteiligen kann. Den größten Erfolg haben hier die Kreditversicherungsprogramme der supranationalen Entwicklungsbanken (allen voran der Weltbanktochter IFC). Begonnen hat es mit der Absicherung von kurzfristigen Handelsforderungen und umfasst heute auch Versicherungsprogramme für mittel- bis langfristige Finanzierungen. Das MCPP Programm der IFC hat bspw. in der dritten Ausbaustufe nun 1,5 Mrd. USD von drei privaten Versicherern eingesammelt.

Abbildung 1: MCPP Programm der IFC[4]

---

3 Siehe https://www.allianz.com/en/press/news/financials/stakes_investments/180410-allianz-finances-africa-infrastructure-projects-eaif.html.
4 Siehe https://www.ifc.org/wps/wcm/connect/2458ed31-8c1d-4242-860c-273865976c46/MCPP+Overview+Flyer+2018.pdf?MOD=AJPERES&CVID=mco9eqz (2.1.2020 – 11:09 Uhr).

Auch hier gilt im Wesentlichen die Aussage von zuvor: Diese Programme sind i.d.R. großen Erst- und Rückversicherungsgesellschaften vorbehalten oder fokussieren sich auf Versicherungsnischen wie die Kreditversicherung.

Öffentliche Hand als Risikoträger (blended insurance)

Im wesentlich kleineren Umfang agiert die öffentliche Hand als Risikoträger von Versicherungsprogrammen, die von der privaten Versicherungswirtschaft initiiert wurden. So beteiligte sich die Europäische Investitionsbank (EIB) in 2018 an dem Programm „African Energy Guarantee Facility" (AEGF) der Munich Re in Kooperation mit der African Trade Insurance Agency (ATI).[5]

Ziel von AEGF ist die Versicherung von Energieprojekten in Afrika gegen Kredit- und politische Risiken. Von den verschiedenen AEGF-Produkten profitieren vornehmlich Banken, aber auch Projektentwickler, Sponsoren und weitere Investoren. Im Rahmen der AEGF-Struktur agiert ein lokaler Versicherungspartner (ATI) als Erstversicherer vor Ort, der wiederum von der Rückversicherungskapazität der Munich Re profitiert. Die EIB als europäische Institution deckt mittels einer Garantie Ausfälle im Rückversicherungsportfolio der Munich Re (nach Selbstbehalt des Rückversicherers). Die so geschaffene offene Struktur (es können jederzeit neue Erstversicherer an AEGF teilnehmen) ermöglicht es der EIB, neben ihrer Rolle als großer Projektfinanzierer vor Ort zusätzlich innovative Risikotransfermechanismen zu entwickeln.

---

5 Siehe https://www.munichre.com/de/unternehmen/media-relations/medieninformationen-und-unternehmensnachrichten/unternehmensnachrichten/2018/2018-03-21-langfristiger-versicherungsschutz-gegen-politische-risiken-in-afrika-ermoeglicht-umweltfreundliche-energieprojekte-mit-einem-investitionsvolumen-von-14-milliarden-us-dollar.html (2.1.2020 – 11:25 Uhr).

The AEGF structure

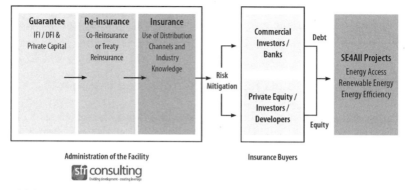

Abbildung 2: AEGF Struktur[6]

Die drei vorgestellten Bereiche zeigen, dass sich einiges tut im Bereich Zusammenarbeit von öffentlicher Hand und privater Versicherungswirtschaft. Allerdings kann man sicherlich sagen – ohne konkrete Zahlen zu nennen –, dass das Volumen der Zusammenarbeit nur einen Bruchteil des Volumens der Zusammenarbeit im Bankensektor beträgt.

Woran liegt es nun, dass sich nicht mehr Versicherungsgesellschaften in dem Bereich engagieren?

Zeitrahmen

Eines der größten Probleme der Zusammenarbeit ist der unterschiedliche Zeitrahmen bzw. Zeithorizont von privater Versicherungswirtschaft und öffentlicher Hand. Aufgrund umfasender Abstimmungsprozesse und teilweise vorhandener politischer Machtkämpfe dauert es mitunter Jahre, bis von der öffentlichen Hand initiierte Programme stehen. Meistens wird von den späteren Risikoträgern, also der privaten Versicherungswirtschaft, verlangt, diesen Prozess (kostenlos) zu begleiten. Zusammen mit dem nächsten Problem eines geringen Geschäftsvolumens sind daher wenige Gesellschaften bereit, dieses „Investment" zu tätigen.

---

6 Siehe AEGF Fact Sheet, S. 2.

Volumen

Entwicklungszusammenarbeit konzentriert sich auf Entwicklungsländer. Es ist naheliegend, dass in diesen Ländern das vorhandene Versicherungsvolumen gering ist. Weiterhin fokussieren sich die Programme der öffentlichen Hand auf bestimmte Themen (Klima, Arbeitsplätze etc.) und haben zudem festgelegte Kriterien, denen die Versicherungspolicen entsprechen müssen. Dies alles zusammen genommen bedingt ein sehr geringes Versicherungs- und damit auch Prämienvolumen für die private Versicherungswirtschaft.

Es wären sicherlich noch viele andere Gründe zu nennen, warum die Zusammenarbeit unterentwickelt ist – wie die Fokussierung auf parametrische Lösungen, der Hang zu viel zu technischen Programmen (Stichwort „over engineered") etc. –, aber vielmehr sollten wir uns fragen, was man denn anders machen könnte, damit die Zusammenarbeit besser wird.

Fehlen einer „Weltversicherung"

Wie zuvor geschildert, verhindern verschiedene Faktoren die effektive Zusammenarbeit von öffentlicher Hand und privater Versicherungswirtschaft im Bereich der Entwicklungszusammenarbeit. Ein entscheidender Faktor ist das Fehlen einer „Weltversicherung" im Gegensatz zur Weltbank im Bankensystem. Die Weltbank und die anderen supranationalen Entwicklungsbanken haben ein im Weiten funktionierendes System der Zusammenarbeit mit nationalen Entwicklungsbanken und privaten Banken aufgestellt. Treiber der Themen sind die Entwicklungsbanken (supranational als auch national), die über die notwendigen Ressourcen (finanziell und Manpower) verfügen, die Themen zu erarbeiten, Hürden zu überwinden und die private Bankwirtschaft effektiv einzubinden.

Beispiel der effektiven Zusammenarbeit: IFC B Loan Struktur[7]

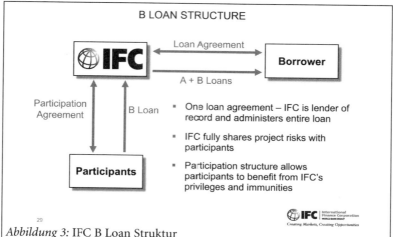

Abbildung 3: IFC B Loan Struktur

Über ihr B-Loan Programm gibt die IFC ihren speziellen Status als weltweite Entwicklungsbank („Privileges and Immunities") an die beteiligten privaten Banken weiter. Die IFC kümmert sich um alle Belange zwischen ihr und dem Kreditnehmer („Borrower"), die teilnehmende Privatbank („Participant") profitiert von dieser Vorarbeit – standardisierte Kreditverträge, Übernahme von Kreditratings, vereinfachte Basel II-Kapitalanforderungen etc.

Für ihre Arbeit erhält die IFC eine Gebühr.

Diese „Pionierarbeit" lassen sich die Entwicklungsbanken dahingehend bezahlen, dass sie einerseits Gebühren für ihre Tätigkeiten verlangen und andererseits im Wesentlichen ein Monopol auf öffentliche Fördergelder haben – sei es „de jure" (Fördergelder werden nur an Entwicklungsbanken gegeben) oder de facto, da es für die private Wirtschaft nicht ökonomisch ist, sich um Fördergelder zu bemühen (mühsame Antragsstellung, spezielles Know-How bei der Antragsstellung notwendig etc.).

---

7 Siehe IFC Syndications Broschure (2017), S. 23 ff.

Wie könnte nun eine Lösung im Bereich der Zusammenarbeit zwischen privater Versicherungswirtschaft und öffentlicher Hand aussehen?

Aufbau einer Versicherungsgesellschaft zur Erreichung der Ziele der Entwicklungszusammenarbeit

Die Programme der Entwicklungsbanken im Bereich Zusammenarbeit mit Privatbanken und die Risk Sharing-Initiativen mit privaten Versicherungsinstituten zeigen, dass eine effektive Zusammenarbeit möglich ist. Jedoch muss die Eintrittsbarriere für die private Versicherungswirtschaft herabgesetzt werden, was bedeutet, dass eine „Entwicklungsversicherung" diese Pionierarbeit leisten muss.

Die Entstehung der Entwicklungsbanken hat ihre eigene Geschichte und hat z.T. auch einen langen Prozess hinter sich, so dass wir nach einer Möglichkeit suchen sollten, die eine Umsetzung in einem überschaubaren Zeitrahmen erfolgreich erscheinen lässt. Der Aufbau einer „Weltversicherung" würde sicherlich zu lange dauern, allerdings können regionale und nationale Entwicklungsbanken und andere Institute der Geberländer hier eine Pionierstellung einnehmen.

Im Rahmen der innovativen Versicherungskonzepte hat sich die Protected Cell Company (PCC) – bekannt auch als eine Captive-Struktur in der Industrieversicherung – als eine Möglichkeit etabliert, in einem relativ kurzen Zeitrahmen eine Versicherungsgesellschaft für bestimmte Zwecke aufzubauen – auch für einzelne Entwicklungsbanken oder andere Institute der Geberländer. Wir wollen hier nicht weiter auf Umsetzung, Jurisdiktion und anderen möglichen Problemen eingehen, vielmehr soll die PCC nur als ein Umsetzungsbeispiel einer Entwicklungsversicherung dienen.

Kern eines PCC-Versicherers ist die „Core", welche das Management und die Governance der gesamten Gesellschaft zur Verfügung stellt. In die „Core" wird i.d.R. auch das Solvenzkapital („minimum solvency capital") eingeschossen. Das Versicherungsgeschäft selbst betreibt die Zelle, welche „unter dem Dach der Core" einfach gegründet und kapitalisiert wird. Das Eigenkapital der Zelle sollte durch die öffentliche Hand gestellt werden, welches dann auch als „First Loss" im Sinne einer „blended insurance structure"[8] dienen kann. Über das Management in der „Core" kann die öffentliche Hand jedoch die strategische Ausrichtung der PCC als Ganzes vorgeben. Jede Zelle kann dabei einem spezifischen Vorhaben von verschiedenen Geberländern und deren Umsetzungsorganisationen dienen. Underwriting und Management der Zelle erfolgt über einen spezialisierten Agenten, welcher via Ausschreibung dezidiert für verschiedene Themen (z.B. Agrarversicherung, Kreditversicherung etc.) ausgesucht werden kann. Die Aufbauarbeit wird damit externalisiert, d.h. weg von den privaten Versicherern hin zu einem spezialisierten Unternehmen (PCC).

Für neuartige Versicherungslösungen kann zudem nur mit dem Eigenkapital in der Zelle ein „proof of concept" stattfinden und so das Risiko zusätzlich begrenzt werden. Sobald eine gewisse Portfoliogröße erreicht ist, kann über Rückversicherung weitere Kapazität am privaten Versicherungsmarkt eingekauft werden.

Fazit

Die aktuellen Initiativen im Bereich der Zusammenarbeit zwischen öffentlicher Hand und privater Versicherungswirtschaft sind zu begrüßen, reichen aber bei Weitem nicht aus, um das volle Potential des Versicherungssektors zur Lösung der anstehenden Probleme auszuschöpfen. Lange Umsetzungsdauer der Initiativen und das geringe Versicherungsvolumen sind die größten Hürden.

Die Entwicklungsbanken haben es im Bankensektor vorgemacht und die Versicherungsexperten der öffentlichen Hand sollten davon lernen. Anstatt Einzelprojekte im Bereich der parametrischen Versicherung aufzubauen, sollte die Gründung einer Entwicklungsversicherung im Fokus stehen.

---

8 „Blended Insurance" ist abgeleitet von „Blended Finance" und beschreibt im Wesentlichen Investments mit privaten und öffentlichen Geldern, wobei die öffentlichen Gelder meist zu subventionierten Konditionen angeboten werden.

Links

https://www.artemis.bm/news/global-parametrics-gets-hannover-re-backing-for-new-risk-transfer-fund (9.12.2019 – 15:35 Uhr)

Climate risk insurance for the poor (2015): http://www.climate-insurance.org/fileadmin/mcii/pdf/COP-21/G7_InsuResilience_MCII_Factsheet_SuccessFactors___EnablingConditions.pdf (2.1.2020 – 10:39 Uhr)

https://www.allianz.com/en/press/news/financials/stakes_investments/180410-allianz-finances-africa-infrastructure-projects-eaif.html (2.1.2020 – 10:51 Uhr)

https://www.ifc.org/wps/wcm/connect/2458ed31-8c1d-4242-860c-273865976c46/MCPP+Overview+Flyer+2018.pdf?MOD=AJPERES&CVID=mco9eqz (2.1.2020 – 11:09 Uhr)

https://www.munichre.com/de/unternehmen/media-relations/medieninformationen-und-unternehmensnachrichten/unternehmensnachrichten/2018/2018-03-21-langfristiger-versicherungsschutz-gegen-politische-risiken-in-afrika-ermoeglicht-umweltfreundliche-energieprojekte-mit-einem-investitionsvolumen-von-14-milliarden-us-dollar.html (2.1.2020 – 11:25 Uhr)

AEGF Fact Sheet (2018): https://www.sfr-consulting.com/files/dateien/bilder/projects/AP_EIB_AEGF_FLYER_A4_2018.pdf (2.1.2020 – 14:58 Uhr)

IFC Syndications Broschure (2017): https://www.ifc.org/wps/wcm/connect/d492479a-aca0-48e3-8ed4-2905f62a3859/Syndications+Brochure_SEPTEMBER+2017_FINAL+9-8-2017.pdf?MOD=AJPERES&CVID=lYR-gnI (3.2.2020 – 09:40 Uhr)

Ein digitales Ökosystem der Risikoprävention: Funk Beyond Insurance

Dr. Alexander C. H. Skorna/Hendrik F. Löffler

Lange Zeit erwies sich die Versicherungsbranche gegen die „digitale Disruption als widerstandsfähig". Komplexe Vorschriften, die für das Versicherungsgeschäft erforderlichen Kapitalreserven sowie die auf jahrelanger Erfahrung basierenden Underwriting-Fähigkeiten und proprietären Daten schützten die Branche. Aber diese Barrieren erodieren rasch, wie ein Beispiel aus der Kfz-Versicherung verdeutlichen soll:[1] Bessere verfügbare Daten werden es zukünftig erlauben, die Prämiengestaltung risikogerechter an Fahrverhalten und Risikoexposition anzupassen und im gleichen Zug dabei helfen, Betrug genauer zu erkennen. Die Automatisierung von Prozessen bei den Versicherern wird gleichzeitig die Kosten reduzieren. In diesem Zusammenhang sinkt durch den Einsatz digitaler Technologien zur Risikoverbesserung auch das Zahlungsrisiko für die Versicherer. Kollisionswarnung, Tote-Winkel- oder Notbrems-Assistenten und eine adaptive Geschwindigkeitsregelung sind heute bereits in vielen Kfz üblich. Sicherere Fahrzeuge werden durch vergleichbare Technologien das Risiko deutlich verringern und die Versicherungsprämie in der Folge weiter sinken lassen. Konsequent weitergedacht, wird es der technische Fortschritt im Bereich selbstfahrender Fahrzeuge oder Car-Sharing-Dienste für private Nutzer von Fahrzeugen höchstwahrscheinlich überflüssig machen, das Fahrzeug überhaupt noch selbst zu versichern.

Die gleiche Verschiebung in Richtung Risikoprävention ist auch in anderen Versicherungssegmenten zu beobachten. In der Wohnung können Sensoren das Wassersystem abschalten, wenn sie die Gefahr eines drohenden Wasserschadens erkennen. In Fabriken können an die Produktionsanlagen angeschlossene Geräte zur Zustandsüberwachung das Bedienpersonal frühzeitig auf ein Wartungsproblem aufmerksam machen, bevor es zum tatsächlichen Störfall und somit zur ungeplanten, kostspieligen Betriebsunterbrechung kommt. Innovative Technologien und dadurch neu ermöglichte Geschäftsmodelle verändern also

---

1 Vgl. Swiss Re (2019): Digital ecosystems: extending the boundaries of value creation in insurance, Zürich: Swiss Re Institute.

potentiell ganze Versicherungsmärkte und Absatzkanäle. Die einführenden Beispiele zeigen, dass angesichts dieses Spannungsfeldes alle beteiligten Parteien des Versicherungsgeschäfts ihren Horizont über das konventionelle Verständnis von Versicherung hinaus erweitern müssen – „Beyond Insurance" bricht diese Idee auf einen neuen, kompakten Begriff herunter und umreißt ein neues Tätigkeitsfeld, dem sich alle Beteiligten früher oder später stellen müssen.

Ein Rückgang von Versicherungsprämien durch eine neu gewonnene Risikotransparenz mithilfe digitaler Technologien und der Möglichkeiten einer funktionierenden Schadenvermeidung ist in diesem Zusammenhang auch für den Versicherungsmakler eine Herausforderung. Bis auf die aus der Unternehmensberatung bekannten, honorarbasierten Betreuungskonzepte für Konzerne und den gehobenen Mittelstand hängt die Maklervergütung in Form von Courtagen als positive Korrelation eng mit der Prämienentwicklung zusammen. Dieser Beitrag soll die Entwicklung eines Maklers zum Anbieter eines digitalen Ökosystems aufzeigen, in dem Prävention und Risikomanagement durch digitale Lösungen Versicherungsnehmer besser schützen.

Die Bedeutung von digitalen Ökosystemen steigt in den kommenden 10 Jahren

Die Versicherungsbranche ist durch die anhaltende Digitalisierung an den Rand eines Paradigmenwechsels gedrängt worden. Das Tempo des Wandels hat sich dank der enormen Zunahme des elektronischen Datenvolumens („Big Data"), der Allgegenwart mobiler Schnittstellen („Internet der Dinge"/IoT) und der wachsenden Fähigkeiten der künstlichen Intelligenz (KI) beschleunigt. Die wachsende Abhängigkeit von digitalen Technologien verändert nicht nur die Erwartungen der Kunden, sondern definiert auch die Grenzen des Marktes branchenübergreifend neu. Versicherer können sich diesem Phänomen nicht entziehen: Da die traditionellen Branchengrenzen zunehmend wegfallen, wird die Zukunft des Versicherungswesens stark von Plattformen und Ökosystemen beeinflusst werden.

Die Tatsache, dass der Kunde in den Mittelpunkt jeder Digital-Aktivität gestellt wird, hat nicht nur die Akzeptanz von Ökosystemen in den Unternehmen erhöht, sondern auch einen oft unterschätzen

Wert geschaffen. Sieben der zehn größten Unternehmen nach Marktkapitalisierung sind Ökosystemakteure – Alibaba, Alphabet (u.a. Google), Amazon, Apple, Facebook, Microsoft und Tencent (u.a. WeChat) – und das ist nur ein erster Hinweis auf die derzeitige Macht. Europa und insbesondere Deutschland sind bei den Retail-Ökosystemen abgehängt, im industriellen Kontext jedoch noch unter den weltweiten Marktführern vertreten. Digitale Ökosysteme basieren in der Industrie heute weltweit u.a. auf SAP oder Siemens-Technologien wie Profinet/Profibus bzw. dem drahtlosen Pendant Mindsphere in Kombination mit den dazugehörigen Netzwerk-/Cloud-Infrastrukturen.[2]

Der Aufstieg von Ökosystemen bedeutet, dass sich mehrere Unternehmen in symbiotischen Beziehungen zusammenschließen, um für sich selbst einen größeren Wert zu erzielen, als sie allein erlangen könnten. Allgemein bieten Ökosysteme den beteiligten Akteuren drei Arten von Mehrwerten:[3]

1. Sie fungieren als Gateways und verringern die Hürden, wenn Kunden zwischen verwandten Dienstleistungen wechseln wollen. Facebook Messenger beispielsweise ermöglicht es den Benutzern, über eine einzige Schnittstelle einzukaufen, in ein Hotel einzuchecken, einem Freund eine Nachricht zu schicken, die Nachrichten zu lesen und mit einem Arzt zu chatten. Die Benutzer müssen nicht zwischen den Portalen wechseln, separate Logins verwalten oder mentale Energie für die Pflege mehrerer Dienste aufwenden.

2. Sie nutzen Netzwerkeffekte konsequent aus. Google Nest, der Hersteller eines Ökosystems von Smart-Home-Produkten, stellt seinen Kunden ein monatliches Berichtsformular zur Verfügung, das ihren Energieverbrauch veranschaulicht und mit dem ihrer Nachbarn vergleicht (Benchmarking). Gleichzeitig schafft das Unternehmen einen Mehrwert für Versorgungsunternehmen, indem es ihnen konsolidierte Informationen über die Nachfrage zur Verfügung stellt, um ihnen bei der Optimierung der Produktion zu helfen.

---

2 Vgl. https://www.sap.com/germany/products/leonardo/iot.html sowie https://siemens.mindsphere.io/de (Zugriff: 16.02.2020).
3 Vgl. McKinsey & Company (2018): The rise of ecosystems and platforms, New York (USA).

3. Sie integrieren Daten über eine Reihe von Dienstleistungen hinweg. Ein Unternehmen für Gesundheitsdaten extrahiert Daten aus dem Ökosystem des Gesundheitssystems (Diagnosen und Verschreibungen von Pharmazeutika) und bringt sie in einen Zusammenhang mit den Lebensgewohnheiten der Patienten, um deren Gesundheit zu verbessern.

Für die Versicherer ebenso wie für die Makler erfordert der Wechsel von einer Branchen- zu einer Ökosystem-Perspektive eine erhebliche Änderung in der Art und Weise, wie sie ihre Rolle gegenüber den Kunden definieren. Gegenwärtig fungieren die Versicherer in erster Linie als Risikoaggregatoren und Makler als sog. Intermediäre, die Kunden-Risiken in deren Auftrag platzieren. Versicherer und Makler können in einem Ökosystem mehrere Rollen spielen. Das Eingangsbeispiel der Kfz-Versicherung bietet beispielsweise eine Reihe von Möglichkeiten, wie Versicherer ihre Dienstleistungen um Bereiche wie Fahrzeugkauf und Wartung, Fahrgemeinschaften, Verkehrsmanagement, Fahrzeuganbindung und Parken in einer Ökosystem-Perspektive erweitern können. Beispielsweise hat Ping An[4], ein großer chinesischer Versicherer mit mehr als einer Million Mitarbeiter und Agenten, seine Reichweite mit diesem Ansatz sukzessive erweitert. Das Unternehmen bietet nun über ein einziges Kundenportal („One Account") mehr als 350 Millionen Online-Kunden Beratung, Autoverkäufe, Immobilienangebote und Bankdienstleistungen an. Diese neue Aktivität erzeugt auch zusätzliche Kundennachfrage für die Kerndienstleistungen von Ping An und hat dazu beigetragen, dass das Unternehmen zur wertvollsten Versicherungsmarke der Welt geworden ist. Ping An bedient einen großen und dynamischen Verbrauchermarkt mit rund 1,4 Milliarden potentiellen Kunden und ist damit ein richtungsweisendes Beispiel für andere Versicherungsgesellschaften, die diesen Erfolg auf anderen Märkten wiederholen wollen.

Versicherungsmakler könnten sich in ähnlicher Weise zu einem umfassenden Flottenmanagement-Dienstleister mit Bezug/Leasing von Fahrzeugen, An-/Abmeldung, Wartung/Reparatur sowie Notruf-As-

---

4 Das Ökosystem Ping An besteht aus Versicherern, Banken, Technologieunternehmen sowie Investment- und Immobiliengesellschaften, vgl.: https://www.pingan.cn/en/about/corporate-architecture.shtml (Zugriff 16.02.2020).

sistenzdienstleistungen weiterentwickeln, statt nur die Fahrzeuge im Kundenauftrag zu versichern.

Partnerschaften als Schlüssel zum Erfolg verändern den Umgang mit Risiken

Da die Ökosysteme eine Konzentration auf die Risikoprävention ermöglichen und erfordern, wird das Schmieden von Partnerschaften und Allianzen ein entscheidender Schlüssel werden und hohe Priorität erlangen.[5] Die Branche hat bereits eine Reihe von Partnerschaften zwischen etablierten Versicherern und neu gegründeten Technologie- und Analyse-Unternehmen gesehen. So hat der Industrieversicherer HDI Global mit seinem Startup HDI TH!NX eine Kooperation mit dem französischen Elektronik-Konzern Schneider Electric geschlossen, um auf dem Gebiet des industriellen IoT über Sensorik eine neue Transparenz auf Risikodaten zu erlangen.[6] Munich Re Digital Partners (DP) fördert ein Ökosystem, das die Entwicklung von Startups unterstützt – darunter Trov und Wrisk[7], beides Versicherungs-Startups („InsurTechs"), die Kfz-, Reise- und Hausratversicherungen direkt über Smartphones „auf Abruf" anbieten.

Da die verschiedenen, sich etablierenden Ökosysteme wachsende Datenmengen erzeugen, wird das Risikomanagement auch in Zukunft immer mehr Datenmodellierung und fortgeschrittene Analysen erfordern. Aufgrund ihrer etablierten Analysefähigkeiten können Versicherer wie Makler in neuen digitalen Ökosystemen anderen Akteuren der Branche Analysen als Dienstleistung anbieten. Dieses Angebot könnte Dienstleistungen zur Optimierung der Datenqualität und dem Einsatz darauf basierender Vorhersagemodelle umfassen, die schnellere

---

5 Als Beispiel kann die Übernahme des IoT-Anbieters relayr durch den Rückversicherer Munich Re im Jahr 2018 dienen, vgl: https://relayr.io/de/relayr-von-munich-re-uebernommen-um-industrielle-iot-strategie-weiter-auszubauen/ (Zugriff 16.02.2020). Neben Übernahmen von Startups können auch eine Beteiligung oder eine kooperative Zusammenarbeit mögliche Strategien sein.
6 Vgl. https://www.hdithinx.io/ sowie https://www.se.com/us/en/about-us/press-us/2019/hdi-global-se.jsp (Zugriff 16.02.2020).
7 Vgl. https://www.trov.com/ und https://www.wrisk.co/ (Zugriff 16.02.2020).

und intelligentere Geschäftsentscheidungen in allen Branchen innerhalb der gesamten Analysewertschöpfungskette ermöglichen.

Die zu versichernden Risiken ändern sich in der Folge aus zwei Hauptgründen erheblich: Erstens wird die Ungewissheit mit der Verbesserung der Verfolgungs- und Vorhersagetechnologie verringert. Beispielsweise verringert eine vorausschauende Wartung die Betriebsunterbrechungen. Zweitens wird dieser Trend durch erhebliche Änderungen der Risikoverteilung und der versicherungsmathematischen Modelle (z.B. aufgrund einer zunehmenden Anzahl von Long-Tail-Risiken, seltenen Katastrophen-Risiken) noch verstärkt. Als Folge davon ist zu erwarten, dass die Prämien unter Druck geraten und die traditionell eher stabilen Einnahmeströme zurückgehen werden. Die Einbeziehung neuer, adressierbarer Märkte könnte dann verlorene Einnahmen ausgleichen.

Eine Ökosystemstrategie kann durch die Nutzung ergänzender Dienstleistungen die Expansion in angrenzende oder völlig neue Geschäftsfelder erleichtern. Zu den Optionen gehört das Angebot innovativer Hybridlösungen im Versicherungs- und Dienstleistungsportfolio mit Partnern aus anderen Branchen (z.B. vorbeugende Wartung, intelligenter Brandschutz, Sensorik zur Risikoerfassung). Die Versicherer und Makler könnten auch ihr Risk-Engineering verbessern, indem sie sich Erkenntnisse auf der Grundlage von Sensordaten aus anderen Branchen zunutze machen. Schließlich könnten Versicherer wie Makler ihre Analysekompetenz nutzen, um Dritten proprietäre Daten und Analyselösungen anzubieten, beispielsweise über datengetriebene Marktplätze.

Auch das Schadenmanagement profitiert von der Etablierung digitaler Ökosysteme. Zeigen Sensor-Daten während der Vertragslaufzeit eindeutig ein Über-/Unterschreiten vorab definierter Schwellwerte für einen Schadeneintritt an (im Sinne einer „Anomalie"), kann die Schadenzahlung nach kurzer Konsistenzprüfung automatisch angestoßen werden – ohne Verifizierung des Schadens durch Sachverständige oder Gutachter. Im Ergebnis wird ein erheblicher Effizienzgewinn realisiert, weil administrative Kosten reduziert und die Abwicklungsdauer eines Schadens drastisch verkürzt werden können.

Diese Daten-Transparenz eignet sich auch für eine laufende Risikooptimierung im Sinne eines Risikomanagements 4.0.[8] So können beispielsweise mit einer GPS-basierten Überwachung in der Transportversicherung, mögliche Risiko-Akkumulationen z.B. in einem Hafen (frühzeitig) identifiziert werden und Risikoprämien auch während eines laufenden Transports nach oben/unten angepasst werden. Andererseits können Hafenbehörden oder Reedereien, Airlines bzw. Logistikdienstleister, die als Akteure auf derselben Blockchain Risiko-Daten transparent mit versicherten Unternehmen und der Versicherungswirtschaft teilen, die Risikomodelle verbessern und Prämien damit risikogerechter ermitteln lassen. Kombiniert mit wirkungsvollen Risk-Engineering-Maßnahmen besteht sogar das Potential unter Mehrkosten einen sicheren Schadeneintritt abzuwenden: Im Falle einer Transportversicherung könnten temperaturkritische Güter wie Tiefkühl-Produkte während des Transports bei ansteigenden Temperaturen über einem kritischen Schwellwert nachgekühlt werden. In der Maschinenversicherung können nach demselben Prinzip Wartungsarbeiten an Maschinen z.B. vor Eintritt eines nicht vorsehbaren Wellenbruchs oder Lagerschadens je nach Verschleißparameter präventiv im Sinne eines Frühwarnsystems geplant werden und der Großschaden „Maschinenbruch" vermieden werden.

Da in Zukunft ein Schaden nicht mehr zwingend eintreten muss, sondern im Vorfeld proaktiv vermieden oder in seinem Ausmaß reduziert werden kann, wandelt sich das Verständnis der Versicherungswirtschaft vom finanziellen Regulierer zum Anbieter eines Schutzversprechens: Prävention, wo möglich – klassische Regulierung, sofern finanzielle Schäden bzw. Kosten entstehen. Neue, sehr individuelle Versicherungsbedingungen bzw. maßgeschneiderte Schutzkonzepte, die dieses neue Selbstverständnis formalisieren, werden erforderlich sein, gleichzeitig müssen die Technologien ihre Wirksamkeit belegen. Somit verändern digitale Ökosysteme die aktuellen Versicherungsprinzipien und -mechanismen deutlich, völlig neue Geschäftsmodelle entstehen für Makler und Versicherer.

---

8 Risikomanagement bezeichnet einen Zyklus aus Risikoidentifikation, Risikobewertung, Risikosteuerung und Risikokontrolle.

Funk Beyond Insurance: neue Dienstleistungen und Kooperationsplattform

Mit Funk Beyond Insurance unterstützt Funk Unternehmen bei der Konzeption und Umsetzung intelligenter Risikopräventionsmaßnahmen. Durch ein strukturiertes Netzwerk aus Partnern, die innovative Präventionsmöglichkeiten über moderne Technologie anbieten, können die Risiken eines Unternehmens maßgeblich reduziert werden. Beispielsweise erkennen Sensoren Schäden und Anomalien frühzeitig, während lernende Algorithmen Schäden aus Zustandsinformationen von Maschinen, Anlagen oder Gebäuden prognostizieren. Geeignete Frühindikatoren, kombiniert mit einer schadenminimierenden Intervention, bilden die Grundlage für eine wirksame Prävention – geprüft und verifiziert in einem Funk Beyond Insurance-Projekt. Im Rahmen eines Pilotprojekts in einem ausgesuchten Unternehmensbereich implementieren Unternehmen – mit Unterstützung von Funk – Lösungen als „Proof-of-Concept", bevor dann eine unternehmensweite Ausrollung bevorsteht. So kann die Erhöhung der Risikotransparenz als zentraler Mehrwert unmittelbar in der Praxis und im eigenen Unternehmen, doch in überschaubarem Rahmen genau verifiziert werden. Vielfach lässt sich mit den gewonnenen Erkenntnissen zusätzlich zur erhöhten Risikotransparenz auch die Qualität von Prozessen und Produkten optimieren – ein in der ökonomischen Bewertung durchaus relevanter Nebeneffekt. Das Ergebnis: mehr Sicherheit, gesteigerte Prozesseffizienz und reduzierte Kosten. Die folgenden Beispiele verdeutlichen den Beyond Insurance-Ansatz.

- **craftworks**[9] entwickelt Software-Lösungen für Predictive Quality und Predictive Maintenance in Industrieunternehmen. Das Wiener Unternehmen ist spezialisiert auf die Analyse existierender Daten aus Prozessen, Maschinen und Anlagen. Im Kern der Anwendung wird eine künstliche Intelligenz basierend auf Machine-Learning und Deep-Learning Technologien eingesetzt, um Fehler und mögliche Stillstände in Industrieanlagen vorherzusagen, aber auch, um herauszufinden, welche Parameter Einfluss auf die Qualität haben. So können Risiken wie Stillstände oder hoher Aus-

---

9 https://craftworks.at/ (Zugriff 16.02.2020).

schuss minimiert werden, damit Kosten gesenkt und Effizienz gesteigert werden.

- **twingz**[10] verfügt über Software-Lösungen zur Analyse und Überwachung von Flussgrößen, primär Strom- und Wasserflüssen. Das Herzstück des twingz-Systems bilden die AI basierten „predictive analytics cloud services" sowie eine eigene Sensor-Infrastruktur, durch die Unternehmen prozessierte Daten über Energie-/Wasserverbrauch sowie Risiko-Verhaltensmuster und schadhafte Endgeräte erhalten. So identifiziert twingz z.B. in der Wohnungswirtschaft frühzeitig Leckagen in Wasserleitungen zur Vermeidung hoher Folgeschäden. Ebenso lassen sich in der Produktions- und Logistikwirtschaft mögliche Kurzschlüsse und fehlerhafte elektrische Anlagen anhand von Ableitströmen sowie Wirkenergie frühzeitig identifizieren – und tragen so zu einem innovativen, proaktiven Brandschutz und zur Erhöhung der Verfügbarkeit von Produktionskapazitäten bei.

- **FairFleet**[11] versteht sich als Full-Service-Partner für professionelle Drohnendienstleistungen. Der Service umfasst sowohl die Datenerfassung mithilfe von Drohnen als auch die Auswertung der Daten mittels hochauflösender Drohnen-Bilder und Thermalaufnahmen. So werden z.B. Inspektionen an Windkraftanlagen durchgeführt und detaillierte Prüfberichte erstellt. Das händische Kontrollieren der Außenhülle ist so nicht mehr notwendig. Beschädigungen werden gezielt lokalisiert und Handlungsempfehlungen ausgesprochen, sodass notwendige Reparaturen rechtzeitig vollzogen werden können. Auf diese Weise werden Stillstandzeiten von Windkraftanlagen minimiert und damit die Kosten der Wartung reduziert. Zudem kooperiert FairFleet mit namhaften deutschen Versicherern im Bereich Risk Assessment und Claims Management (Schadenmanagement). So werden Hagelschäden oder Sturmschäden mit automatisierten Analysen von FairFleet schnell und effizient erfasst oder es werden digitale Zwillinge von Gebäuden zur besseren Risikoklassifikation erstellt.

- **ubirch**[12] hat eine Lösung entwickelt, mit der Daten, die zwischen den IoT-Geräten ausgetauscht werden, so versiegelt werden kön-

---

10 https://www.twingz.com/ (Zugriff 16.02.2020).
11 https://fairfleet360.com/ (Zugriff 16.02.2020).
12 https://ubirch.de/ (Zugriff 16.02.2020).

nen, dass es unmöglich ist, diese nachträglich zu verändern. Bei der Aufzeichnung der Daten entsteht so ein rechtssicheres, nicht manipulierbares Protokoll, dem alle beteiligten Akteure technisch vertrauen können, auch wenn sie nicht jedem Geschäftspartner direkt vertrauen wollen. Die digitale Versiegelung von Sensor-Daten ist zudem eine wesentliche Grundvoraussetzung, Versicherungsverträge zukünftig auch durch Sensor-Daten automatisiert „triggern" bzw. auslösen zu können.

Fazit

Der Aufstieg der Ökosysteme ist zu gleichen Teilen eine der größten Chancen, größten Bedrohungen und größten Herausforderungen der Digitalisierung. Nicht alle Branchen und Akteure sind gleich gut in der Lage, diese Chance zu nutzen. Versicherer und Makler mit substantiellem Marktanteil und relevantem Marktzugang zu ihren Kunden sind besser geeignet, sich zu sog. „Orchestratoren"[13] zu entwickeln. Die Welle von Ökosystemen bietet jedoch allen Akteuren die Chance, Prioritäten und Initiativen neu auszurichten und dabei die eigene Konkurrenz hinter sich zu lassen. Digitale Ökosysteme wirken als Katalysatoren für neue, innovative Ansätze in der Versicherungswirtschaft und bilden die Grundlage für disruptive Geschäftsmodelle.

Drei Leitfragen können Unternehmen auf dem Weg zu einem Ökosystemakteur unterstützen:

- Strategisch: An welcher Stelle ist die Ökosystemstrategie im Unternehmen verankert? Funk beispielsweise versteht sich als Systemhaus für Risikolösungen und kooperiert seit Jahren im Sinne eines ganzheitlichen Lösungsangebots mit unterschiedlichen Partnern.
- Kundenzentriert: Wie werden die Kundenschnittstelle und die Vertriebsleistung der Partner definiert? Wie werden die Partner in den eigenen Vertriebskanal integriert?

---

13 Der Begriff Orchestrierung wurde aus dem Bereich der Musik entlehnt und bedeutet flexibles Kombinieren mehrerer Services oder Dienste zu einer sinnvollen Konzeption (Komposition), die einen Geschäftsprozess bzw. ein Geschäftsmodell beschreibt.

- Partnerschaftlich: Verfügt ein Partner im Ökosystem wirklich über das notwendige Netzwerk an Zugängen zu Kunden bzw. Lösungen, damit die traditionellen Branchengrenzen tatsächlich überwunden werden können?

Die zunehmende Bildung von Ökosystemen ist zusammengefasst ein logisches Ergebnis der Digitalisierung. Agile Organisationen mit der Fähigkeit zur Anpassung werden bereit sein, die Digitalisierung zu ihrem Vorteil zu nutzen.

Spielerisch durch die (Rückruf-)Krise –
Das *Management Adventure* der Funk Stiftung

Benedikt T. Brahm/Dr. Kristina Klinkforth

Sei es auf dem Smartphone in der Bahn, auf dem Weg zur Arbeit oder auf der Konsole am Fernseher zuhause – fast jeder zweite Deutsche spielt Computer- und Videospiele.[1] Der jährliche Gesamtumsatz für Computer- und Videospiele sowie Spiele-Hardware in Deutschland steigt von Jahr zu Jahr und lag im Jahr 2018 bei mittlerweile rd. 4,4 Mrd. €.[2]

Doch zunehmend steht nicht mehr nur Unterhaltung im Vordergrund. Auch Lernspiele, sog. „Serious Games", erfreuen sich immer größerer Beliebtheit. Dabei wird in realitätsnahen Simulationen Wissen zu bestimmten Themen vermittelt – unterstützt und gefördert durch den Unterhaltungsfaktor eines Spiels.[3] Gamification heißt die zu Grunde liegende Vorgehensweise, um seriöse Wissensvermittlung spielerisch zu gestalten bzw. Spielgeschehen um wissens- und kompetenzfördernde Inhalte anzureichern.

Im Zuge der Förderung schwerpunktmäßig wissenschaftlicher und praxisbezogener Projekte rund um die Themen Risikoforschung und Risikobewältigung hat die Funk Stiftung das Serious Game *Management Adventure* zum Thema Risikomanagement, Produktsicherheit und Produktrückruf sowie Krisenmanagement entwickelt. Es soll den Blick auf Produktrisiken und ihre Bewältigung spielerisch schärfen und gleichzeitig eine unterhaltsame Wirtschaftssimulation aus der Perspektive eines Unternehmenslenkers sein. Die nachfolgenden Ausführungen beleuchten das produktbezogene Krisenmanagement, ordnen das *Management Adventure* als Serious Game in dieses Feld ein und bieten einen Einblick in die Dynamiken des Spiels.

---

1 Vgl. game – Verband der deutschen Games-Branche e.V. (2019): Jahresreport der deutschen Games-Branche 2019. Berlin, S. 6.
2 Vgl. game – Verband der deutschen Games-Branche e.V. (2019): Jahresreport der deutschen Games-Branche 2019. Berlin, S. 12.
3 Vgl. Abt, Clark C. (1970): Serious Games. New York, Viking Press, S. 6.

Steigende Relevanz von Risiken für den Unternehmenserfolg

Schon immer gefährdeten Risiken und daraus resultierende Krisen den Unternehmenserfolg.

Noch nie aber war die Vielfältigkeit an Risiken und besonders ihrer Ursachen so groß wie heute. Dabei zählen Feuer und Betriebsunterbrechungen nach wie vor zu den Top-Risiken unserer Zeit. Neu hinzugekommen sind Cyber-Risiken, die gerade in den letzten Jahren immens an Bedeutung gewonnen haben.[4] Kürzere Entwicklungszyklen aufgrund verkürzter Produkt-Lifecycles setzen Unternehmen zusätzlich unter Druck. Und auch die Produktions- und Montageprozesse von Unternehmen werden immer effizienter gestaltet – mitunter leidet dann die Prozess- und Produktqualität. Die Anzahl an Rückrufen ist in den letzten Jahren angestiegen und tritt primär in Massenmärkten bei den Endkonsumenten auf. Betroffen sind dabei vor allem Lebensmittel und elektrische Kleingeräte, die von Haushaltsgeräten, Werkzeugen und Gartengeräten bis hin zu Kinderspielzeug reichen.[5]

Eine der größten Herausforderungen an gute Unternehmensführung besteht darin, Umsatzziele und Effizienzsteigerungen zu erreichen und gleichzeitig zielführende Antworten auf den Umgang mit potentiell krisenrelevanten Risiken zu finden. Dabei gilt es, mögliche Risiken zu erkennen, diese abzuwägen und in ein aktives Risiko- und Krisenmanagement zu überführen. Das Serious Game *Management Adventure* adressiert diese Herausforderung unmittelbar. Es richtet sich in erster Linie an Produktmanager und Kommunikationsexperten sowie an Führungskräfte, die ihr Wissen über Risikomanagement, Produktsicherheit sowie Krisenmanagement ausbauen wollen. Es stehen zwei Spielvarianten mit unterschiedlichem Branchenbezug zur Verfügung:

---

4 Vgl. Allianz Global Corporate & Specialty (2020): Allianz Risk Barometer 2020. München.
5 Vgl. Wirtschafts Woche (9.1.2020): Mehr Lebensmittelrückrufe als je zuvor – https://www.wiwo.de/unternehmen/handel/keime-und-fremdkoer per-mehr-lebensmittelrueckrufe-als-je-zuvor/25400280.html (Zugriff: 20.1.2020).

- Variante 1 umfasst die Leitung der fiktiven Süßwarenfirma Bong Bong Süßwaren GmbH. Die Spielenden stellen sich den für die Lebensmittelwirtschaft typischen Herausforderungen wie globalisierten Rohstoffmärkten, intensivem Wettbewerb und hohen Anforderungen an Produktsicherheit.
- In der Variante 2 verantworten die Spielenden die Leitung des fiktiven Elektrokleingeräteherstellers Casalinghi GmbH.

Management Adventure zeichnet ein hoher Grad an fachlicher Genauigkeit sowie die realistische Abbildung von unternehmerischen Entscheidungssituationen aus. Neben marktbezogenen Investitionen müssen die Spieler zwischen einer Vielzahl von Risikomanagement-Maßnahmen abwägen. Um diese Realitätsnähe herzustellen, hat die Funk Stiftung für die Entwicklung ein agiles Team von internen und externen Expertinnen und Experten aus den Bereichen Lernanwendungen, Game Design, Haftpflicht/Produktschutz, industrielle Feuer- und Cyber-Versicherung sowie Risk Consulting zusammengestellt.[6] Das Spiel kann kostenfrei über den Browser auf der Homepage der Funk Stiftung abgerufen werden: https://www.funk-stiftung.org/de/projekte/tools/

Des Weiteren werden – aufbauend auf dem Serious Game *Management Adventure* – Workshops zum Thema Risiko- und Krisenmanagement durch Funk angeboten. Dabei bildet das Spiel die Grundlage für die Wissensvermittlung und für das praxisorientierte Erlernen des Umgangs mit Krisensituationen. Ausgehend davon können Krisenmanagementpläne erstellt und ein aktives Risikomanagement eingeführt werden.

Zielsetzungen von Gamification und Serious Games am Beispiel *Management Adventure*

Es liegt in der Natur des Menschen, zu spielen und sich im Wettbewerb zu messen. Daher übertragen Serious Games klassische Spiele-Mechanismen auf spielfremde Umgebungen, um so den „Spieltrieb" der Spielenden zu aktivieren und den Spaß an einem Produkt, Ser-

---

[6] Vgl. Funk Stiftung (2017): Pressemitteilung – Funk Stiftung fördert Serious Gaming zum Thema Risikomanagement. Hamburg, S. 1.

vice oder Thema zu steigern.[7] Gamification verpackt somit spieltypische Elemente und Vorgänge in meist spielfremde Zusammenhänge, mit dem Ziel der Verhaltensänderung und Motivationssteigerung bei den Spielenden. Spieltypische Inhalte sind dabei Beschreibungen (z.B. Ziele, Beteiligte, Regeln, Möglichkeiten), Punkte oder Credits, das Erringen von Preisen und virtuellen Gütern sowie das Bewältigen von Aufgaben durch individuelle oder kollaborative Leistungen auf verschiedenen Spielebenen (Levels). Wichtig ist zudem, dass Elemente und Prozesse professionell, wirksam und stimmig umgesetzt sind.[8] Dabei muss die Ausgewogenheit zwischen Unterhaltungswert und Informations- bzw. Wissensvermittlung beachtet werden. Ziel ist, dass die Spielenden in einem virtuellen Spielszenario etwas lernen, das sie auf die Realität übertragen oder konkret anwenden können – und langfristig Routine gewinnen.[9] Gamification spielt dabei eine zentrale Rolle, indem reale Szenarien in die virtuelle Welt übertragen werden. Serious Games finden u.a. in so unterschiedlichen Feldern wie Sport und Gesundheit, Politik und Gesellschaft sowie Wirtschaft und Technik Anwendung.[10]

Management Adventure nimmt als Serious Game den Trend von Gamification auf. Durch dieses Format wird erreicht, dass sich die Spielenden – hineinversetzt in die Rolle der Geschäftsleitung – intensiv mit dem Risiko- und Krisenmanagement eines Unternehmens auseinandersetzen. Unterschiedliche Spielverläufe, die durch individuelle Spielentscheidungen ausgelöst werden, ermöglichen es, diverse Szenarien durchzuspielen und so die Sensibilität der Spielenden für das Management von Risiken, Krisen und Rückrufen sukzessive zu erhöhen. Letztlich wird durch den in sich schlüssigen Gesamtkontext die Aufmerksamkeit für die Wirkungszusammenhänge gefördert.

---

7 Vgl. Ringel, Jens (2019): Spielerisch zum Erfolg – Gamification & Nudging. Zeitschrift für Versicherungswesen, Nr. 21/2019, S. 661.
8 Vgl. Gabler Wirtschaftslexikon: Gamification – https://wirtschaftslexikon.gabler.de/definition/gamification-53874 (Zugriff: 18.1.2020).
9 Vgl. Michael, David; Chen, Sande (2006): Serious Games. Games that educate, train and inform. Boston.
10 Einen Überblick über Serious Games und ihre diversen Anwendungsfelder bietet http://www.seriousgames.de/ (Zugriff 28.1.2020).

Zielsetzungen von Gamification und Serious Games

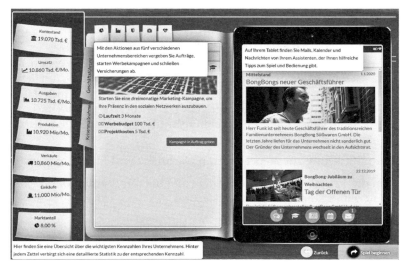

Abbildung 1: Aufbau der Spielekonsole von Management Adventure[11]

Management Adventure vermittelt auf diese Weise spielerisch die Grundlagen guter Unternehmensführung. Das Erreichen von Umsatzzielen und der zielgenaue Ausbau des Risikomanagements eines Unternehmens stehen hierbei im Vordergrund. Begleitet werden die Entscheidungen durch Wissens-Input aus einem integrierten „Wirtschaftslexikon" und einem durchgehenden Controlling mit Grafiken zu allen wichtigen Wirtschaftsfaktoren. Dadurch erlernen die Spielenden selbstständig, ein Unternehmen unter Einbeziehung von relevanten Kennzahlen zu steuern und sich auf eine Krisensituation vorzubereiten. Eine solche – in jedem Spielverlauf eintretende – Krisensituation müssen sie zudem parallel zu der strategischen Unternehmensführung bewältigen und die richtigen Entscheidungen zur richtigen Zeit treffen.

---

11 Screenshot, Funk Stiftung: Management Adventures – https://www.funk-stiftung.org/management-adventure/bongbong/ (Zugriff: 20.1.2020).

Management Adventure als Beispiel für entscheidungsorientiertes Krisenmanagement

Zum Start von *Management Adventure* werden die Spielenden als neue Geschäftsführung eines Unternehmens eingeführt – mit dem Ziel, den Unternehmensumsatz innerhalb der nächsten fünf Jahre um 10 % zu steigern (ca. 20 Spielzüge). Um dies zu erreichen, können in jeder Spielrunde Entscheidungen in unterschiedlichen Bereichen getroffen werden:

- im Marketing zur Steuerung von Nachfrage und Marktanteilen,
- in der Produktion zur Steuerung von Einkauf, Produktionskapazitäten und Qualität der Produkte und
- im Risiko- und Versicherungsmanagement zur Risiko- und Krisenabsicherung.

Im Laufe des Spiels werden die Spielenden immer wieder vor neue Herausforderungen gestellt und mit Krisen konfrontiert, auf die sie situativ reagieren müssen. Dabei sehen sich die Spielenden sowohl wirtschaftlichen Risiken, wie steigenden Rohstoffpreisen und erhöhtem Preisdruck, als auch klassischen Risiken, wie Feuer, Betriebsunterbrechungen, oder Cyber-Attacken, gegenüber. Erfolgt die Reaktion nicht im notwendigen bzw. geeigneten Umfang, wirkt sich dies auf den weiteren Unternehmenserfolg aus. Ein virtueller Aufsichtsrat kontrolliert die Entscheidungen und die Unternehmensentwicklung zusätzlich, virtuelle Mitarbeiter geben den Spielenden hilfreiche Tipps oder weisen auf Probleme im Unternehmen hin. Die Spielenden müssen also eine Komplexleistung aus klassischer Unternehmensführung, laufender Kontrolle der Unternehmensziele, proaktivem Risiko- und Krisenmanagement und situativer Reaktion auf neue Szenarien erbringen.

Zum besseren Verständnis der Abhängigkeiten wurden die Zusammenhänge in *Management Adventure* in einem System Dynamics Modell[12] analysiert, sodass der Einfluss der Stellgrößen und Ent-

---

[12] System Dynamics (SD) oder Systemdynamik ist eine von Jay W. Forrester Mitte der 1950er Jahre am MIT entwickelte Methodik zur ganzheitlichen Analyse und Simulation komplexer und dynamischer Systeme, vgl. https://www.risknet.de/wissen/rm-methoden/system-dynamics/ (Zugriff 20.1.2020).

scheidungen auf den Spielverlauf nachvollziehbar wird. Dabei verfolgt System Dynamics das Ziel, mit meist grafischer Modellierung die relevanten Systemstrukturen zu erfassen und das Verhalten des Systems zu erklären. Dafür wird auf fünf Kernelemente geachtet:

- Feedback-Beziehungen – Abhängigkeiten innerhalb des Systems
- Wirkungsverzögerungen – zeitversetzte Ursache und Wirkung
- Bestandsgrößen – aktueller Zustand eines Systems
- Flussgrößen – Elemente, die Bestandsgrößen verändern
- Nichtlinearitäten – Ausbringungsmenge nicht proportional zu Eingabemenge[13]

So kann ein System Dynamics Modell auch im entscheidungsorientierten Krisenmanagement helfen, mögliche komplexe Szenarien und deren Auswirkungen auf das Unternehmen sowie über die Unternehmensgrenzen hinweg ganzheitlich abzuschätzen.

Wie in der Realität wirken sich auch bei *Management Adventure* alle Unternehmensentscheidungen in unterschiedlichem Umfang auf die Unternehmensentwicklung aus. Mehrere voneinander unabhängige Entscheidungen können zur gleichen positiven oder negativen Entwicklung führen. Somit macht System Dynamics die Komplexität der Simulation sichtbar und unterstützt dadurch mittelbar den Spielenden bei der Entscheidungsfindung.

In der Abbildung 2 wird beispielhaft das Verhältnis zwischen Kosten und Produkt in einem System Dynamics Modell aufgezeigt. Es ist schnell zu erkennen, dass unterschiedliche Entscheidungen zu einer erhöhten Kostenquote führen. Die Entscheidungen sind mit den jeweiligen Nutzeneffekten abzuwägen, die durch sie geschaffen werden. So verursacht z.B. eine Investition in die Instandhaltung von Produktionsmaschinen zwar Kosten, steigert aber gleichzeitig auch die Produktqualität. Während der Instandhaltungsarbeiten an der Maschine steht diese für die Produktion nicht zur Verfügung – die Produktionskapazität ist in dieser Zeit reduziert. Die Spielenden müssen also immer die Verhältnismäßigkeit ihrer Entscheidungen („Trade-Off") im Blick behalten und die entstehenden Abhängigkeiten analysieren, um den Unternehmenserfolg nicht zu gefährden, also einen

---

13 Vgl. Gabler Wirtschaftslexikon: System Dynamics – https://wirtschaftslexikon.gabler.de/definition/system-dynamics-47445 (Zugriff: 20.1.2020).

Ursachen-Wirkungs-Zusammenhang erkennen. *Management Adventure* kann in Folge von ungeeigneten bzw. unterlassenen Maßnahmen in der Insolvenz des virtuellen Unternehmens münden – die Spielenden können dann das Spiel neu beginnen und ihre Lernkurve im Sinne eines höheren Unternehmenserfolgs im Spiel steigern.

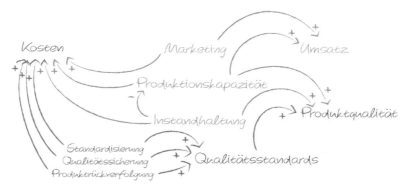

Abbildung 2: Kausale Wirkungszusammenhänge als System Dynamics Modell – Markt & Produktion[14]

Management Adventure bietet sich durch den hohen Grad an fachlicher Genauigkeit und die realitätsnahe Abbildung im Umgang mit Risiken als Grundlage für die Vermittlung von Wissen und für das Erlernen des Umgangs mit Krisensituationen an.

Schlussfolgerung: Schärfung von Wahrnehmung und Routinen durch spielerischen Umgang mit Krisen

Management Adventure und ein möglicher ergänzender Workshop liefern die Basis für die Sensibilisierung für das Thema Risiko- und Krisenmanagement im eigenen Unternehmen. Aufbauend auf dem spielerisch Erlernten können Krisenmanagementpläne erstellt und ein aktives Risikomanagement im eigenen Unternehmen eingeführt werden. Die Kombination aus Spiel und Wissensvermittlung ergibt ein ganzheitliches Bild zum Thema Risiko- und Krisenmanagement und schafft die notwendige Aufmerksamkeit für eine erfolgreiche Un-

---

14 Eigene Darstellung, Funk Stiftung: Playbook des Management Adventures.

ternehmensführung. Die Spielenden erfassen intuitiv die Grundlagen des Risikomanagements, während sie parallel die Unternehmensentwicklung vorantreiben. Durch die Einbindung des Wirtschaftslexikons und der damit verbundenen Wissensvermittlung sammeln die Spielenden Wissen zum Thema Krisen- und Risikomanagement. Zudem werden immer neue Spielszenarien geschaffen, auf die sich die Spielenden einstellen müssen.

Durch die direkte Anwendung des Erlernten im virtuellen Spiel-Setting können die Spielenden sofort überprüfen, ob und wie sich die neuen Erkenntnisse auf den Unternehmenserfolg auswirken. Parallel dazu können die Spielenden die Brücke zum eigenen Unternehmen schlagen und überprüfen, inwieweit dort Risikomanagementansätze vorhanden sind bzw. wo Anknüpfungspunkte für ein vertieftes Risikomanagement sichtbar werden. Die Spielenden erarbeiten Maßnahmen, die die Kernfaktoren eines effektiven Risiko- und Krisenmanagements abbilden. Die Verknüpfung aus Fiktion und Realität lässt den Erkenntnisgewinn merklich steigen und auch den Umfang der möglichen Risiken besser aufzeigen. Dadurch können die Spielenden die wesentlichen Grundlagen von Risiko- und Krisenmanagement und ihrer Verknüpfung mit guter Unternehmensführung erlernen und einen wesentlichen Kompetenzgewinn erzielen.

Neue Technologien = neue Risiken? Wie *Industrie 4.0* die Risikolandschaft in Produktion und Logistik verändert und wie Unternehmen ihr Risikomanagement daran anpassen müssen

Prof. Dr. Julia Arlinghaus/Manuel Zimmermann

Einführung

Die „vierte industrielle Revolution" bzw. *Industrie 4.0* gilt als Leitbild für die Zukunft der deutschen Wirtschaft und findet mit *Made in China 2025* (China), der *Industrial Value-Chain Initiative* (Japan) und dem *Industrial Internet Consortium* (USA) weltweit Pendants (Kagermann et al. 2016). Im Mittelpunkt steht dabei die echtzeitfähige Abbildung sowie Vernetzung der physischen Objekte wie Produkten, Maschinen und Ladungsträger auf der digitalen Ebene zu sog. cyberphysischen Systemen. Das so entstehende *Internet of Things* (IoT) endet dabei nicht an den Unternehmensgrenzen, sondern involviert alle Instanzen der kompletten Wertschöpfungskette (Helbig et al. 2013). Entsprechend bietet es das informationstechnische Fundament für zahllose Ansätze zur ganzheitlichen Optimierung der Wertschöpfung, da nicht nur Zustandsinformationen zu jeder relevanten Instanz digital und ortsungebunden zur Auswertung vorliegen, sondern auf Basis derselben auch in Echtzeit jeder digitalisierte Aktor angesteuert werden kann (Andelfinger und Hänisch 2017; Wagner 2018).

Industrie 4.0 – in der Praxis mehr Brownfield als Greenfield

Nur ein Bruchteil der Unternehmen ist in der Lage, Produktionsinfrastruktur „auf der grünen Wiese" von Grund auf neu planen und errichten zu können, um damit bestehende Produktionsstätten abzulösen (Reinhart 2017; Frank, Dalenogare und Ayala 2019). In der Realität überwiegen Brownfield-Szenarien, im Rahmen derer Prozesse sukzessive digitalisiert und isolierte IT-Systeminseln vernetzt werden. Nur schrittweise über entsprechende Projekte lässt sich für einen Großteil der Unternehmen über die Zeit die Transformation in Richtung *Industrie 4.0* vorantreiben (Reinhart 2017). Selten wird dabei die Notwendigkeit erkannt, auch das Risikomanagement im Rahmen derartiger Projekte kritisch zu prüfen und anzupassen (Braun 2017). Werden bspw. Maschinen in der Produktion, anstatt zuvor händisch an einem integrierten SPS-Bedienfeld, nun per mit dem WLAN-Netzwerk verbundenen Smartphone und spezifischer App über NFC-Schnittstellen parametrisiert, hat dies Implikationen für das Risikomanagement. Fand der Zugriff auf Maschine, Sensorik und Aktoren zuvor ausschließlich manuell und offline über MitarbeiterInnen statt, stellten bis dato fehlerhafte Programmierung oder Parametrisierung durch menschliches Versagen das größte Risiko dar. Da der Zugriff nun mit einem onlinefähigen Device samt regelmäßig über das Internet aktualisierter Software erfolgt, sind die Maschine und der betroffene Prozess nun potentiell Cyberrisiken ausgesetzt, die zuvor für sie keine Rolle spielten. Gleichzeitig können aber auch unausweichliche Updates von Betriebssystem oder Anwendungssoftware für Ausfallzeiten der Lösung sorgen. Entsprechend ergeben sich zahlreiche Implikationen für das Risikomanagement, die im Vorfeld zumindest geprüft werden sollten, um notwendige Anpassungen rechtzeitig vornehmen zu können (Andelfinger und Hänisch 2017).

Industrie 4.0 verändert die unternehmerische Risikolandschaft

Die Frage ist nicht, *ob* ein System kompromittiert werden kann – sondern wie hoch Hürde und Anreiz sind

Wer sich mit Risiken von Digitalisierung und *Industrie 4.0* beschäftigt, stößt zuerst auf das zentrale Thema der Cyberkriminalität. Die unternehmerische Praxis zeigt regelmäßig, dass die Idee eines einhundertprozentig proaktiven Schutzes vor Cyberangriffen eine Wunschvorstellung ist – und aller Voraussicht nach auch in Zeiten von *Industrie 4.0* bleiben wird. Insbesondere mit Bezug auf gezielte Cyberangriffe stellt sich gegenwärtig lediglich die Frage, welche Hürde ein Angreifer zu überwinden bereit ist (Reinhart 2017). Das Fundament von *Industrie 4.0* bildet die digitale Vernetzung eines möglichst großen Anteils aller in die Wertschöpfung involvierten physischen Objekte – seien es Werkstücke, Produktionsanlagen, Fahrzeuge oder IT-Systeme. Diese Einbindung der physischen Realität in die digitale Ebene erlaubt immer weitreichendere Interaktionsmöglichkeiten mit realen Objekten auf digitalem Wege. Dieser massiv steigende Vernetzungsgrad als Grundlage von *Industrie 4.0* stellt auch deren größtes Risiko dar, da er mit der Anzahl angreifbarer Objekte das Ausmaß cyber-physischer Angriffe exponentiell erhöht (Abolhassan 2017). Dabei muss nicht zwangsläufig eine physische Schadensintention vorliegen: Passive Lösungen, bspw. für Shopfloor-Monitoring oder Werkstück-Tracking, liefern keine direkte Handhabe auf Maschinen oder Aktoren – machen u.U. jedoch wertvolle Daten und Informationen einem unautorisierten Zugriff zugänglich. Infolgedessen gewinnen Cyber-Angriffe zunehmend an Attraktivität und machen es für potentielle Angreifer immer lohnenswerter, auch hohe Hürden in Form von komplexen IT-Security-Maßnahmen zu überwinden (Pinnow und Schäfer 2017).

Die Kehrseite der unternehmensübergreifenden Konnektivität

Der steigende Vernetzungsgrad stellt jedoch nicht nur innerbetrieblich einen wachsenden Risikofaktor dar, sondern erhöht auch die Gefahr für in Wertschöpfungsnetzwerken organisierte Unternehmen. Veranschaulichen lässt sich dies am Beispiel neuer Generationen von Ransomware wie *LockerGoga*, die seit Beginn des Jahres 2019 mehrere international tätige Konzerne und öffentliche Einrichtungen verschiedener Staaten traf (BSI 2019). Bemerkenswert ist dabei, dass gezielt zentrale Dienstleister attackiert wurden, an deren IT-Infrastruktur sich ausgedehnte Netzwerke und Systeme von Kunden oder Zulieferern anschlossen. Zu den Opfern von *LockerGoga* und vergleichbarer Ransomware zählten im Jahr 2019 entsprechend ein norwegischer Aluminiumkonzern und Stromerzeuger mit Niederlassungen in 40 Ländern ebenso wie Krankenhäuser in Deutschland und Kommunalverwaltungen in den USA (BSI 2019). Nach erfolgreichem Angriff auf die IT-Landschaft des initialen Ziels erfolgt eine Infektion vernetzter Systeme – bspw. von Supply-Chain-Partnern – und eine Ausbreitung der Schadsoftware über die Unternehmensgrenzen hinaus.

Im Einzelfall hängen die Risiken stark von den implementierten Technologien ab

Die angedeutete Vielfalt potentieller Risiken von *Industrie 4.0* trifft nicht jedes Unternehmen unmittelbar in vollem Umfang. Wie eingangs eingeführt, stellt *Industrie 4.0* für die meisten Unternehmen keinen radikalen Paradigmenwechsel, sondern eine schrittweise Entwicklung über Implementierungsprojekte mit überschaubarem Technologieumfang und Anwendungsbereich dar. Im Rahmen eines von der Funk Stiftung unterstützen Forschungsprojekts wurden Risiken von Technologien aus dem Bereich Industrie 4.0 in der unternehmerischen Praxis untersucht. Auf Basis von Erfahrungen aus über 300 Mini-Fallstudien der von *BMWi* und *BMBF* betriebenen *Plattform Industrie 4.0* (www.plattform-i40.de) in Kombination mit über 50 ausführlichen Experteninterviews zu aktuellen Umsetzungsprojekten verschiedener Branchen lassen sich dabei potentielle Risikofaktoren konkretisieren und differenzieren. Die folgende Tabelle 1 gibt einen Einblick in ausgewählte Klassen von Technologien, die im Kontext der untersuchten Fallstudien eine relevante Rolle spielen. Die aufgeführten Nutzen- und Gefährdungsfaktoren stellen keine abschließende Auflistung dar, geben aber einen Eindruck von den verschiedenen Risikoschwerpunkten und Trade-Offs, die im Zusammenhang mit der Technologieauswahl entstehen. Ausführliche Informationen und Resultate zum durchgeführten Forschungsvorhaben erscheinen 2020 u.a. auf der Internetpräsenz der Funk Stiftung.

Technologiekat.	Beispiele	Motivation/Nutzen	Risikofaktoren
Wearables/ Mobile Devices	• *Smart Wristlet* • *Datenbrille* • *Smartphone* • …	• Erhöhte Geschwindigkeit, Genauigkeit und reduzierte Fehlerquote manueller Prozesse • Erhöhte Ergonomie/ Komfort für MitarbeiterInnen bei repetitiven Aufgaben • Digitale Transparenz der sonst unüberwachten Offline-Aktivitäten	• Fehler durch innovative, aber ungewohnte Handhabung; dabei flache Lernkurven • Beeinträchtigte Ergonomie oder Gesundheit durch ständiges Tragen am Körper • Schnelle Obsoleszenz von Hard-/Software

Techno-logiekat.	Beispiele	Motivation/Nutzen	Risikofaktoren
		• Reduzierte Einarbeitungszeit und aufgabenspezifisches Qualifikationsniveau für neue MitarbeiterInnen	• Diskussion und Widerstand hinsichtlich des Umgangs mit personenbezogenen oder möglicherweise personenbeziehbaren Daten • Funktionsstörungen durch widrige Industrieumgebung • Zahlreiche Schnittstellen für Cyber-Bedrohungen, die auf die breite Masse von Privatanwendern abzielen und entsprechend erprobt und fortschrittlich sind
Sensorik/ Identifiers	• RFID/ NFC • Barcode/ QR • Infrarotsensor • ...	• Digitale Transparenz von Prozessen und Objekten, Fernzugriff auf Shopfloor-Informationen • Identifizierung, Verfolgung und Rückverfolgung einzelner Objekte • Reduzierte Handlingkosten • Hoher Technologiereifegrad, geringe Kosten und große Auswahl an Lieferanten	• Störungen durch Integration in Infrastruktur, Objekte und/oder Arbeitsabläufe • MitarbeiterInnen ignorieren/übersehen die neuen Komponenten und deren Rolle für ihre Tätigkeiten • Mögliches Überwachungsgefühl bei MitarbeiterInnen, Gefahr von Verstößen gegen geltendes Arbeitsrecht • Permanente Fehler-Events/Ausfälle durch hohe Stückzahl in jedem Anwendungsfall
Mobile/ Stationäre Aktoren	• FTS • UAV/ Drone • Industrieroboter • ...	• Reduzierter Personalbedarf • Physische Entlastung von MitarbeiterInnen • Reduzierte Fehlerquote und Prozessdauer • Erhöhte Flexibilität; schnellere, automatische und dynamische Anpassung an Veränderungen	• Unfälle mit Personen- oder Sachschaden; dabei unklare Haftungsfragen • Sinkende Zufriedenheit unter MitarbeiterInnen durch Angst vor Kontroll- oder Jobverlust • Hohes Commitment durch fundamentale Prozessanpassungen und techn. Abhängigkeit

Neue Technologien = neue Risiken?

Technologiekat.	Beispiele	Motivation/Nutzen	Risikofaktoren
		• Unterstützung von JIT-Systemen	• Schnelle Obsoleszenz von Hard-/Software
Übertragungsstandards	• Bluetooth • 3G/4G • WLAN • …	• Automatisierter Datenaustausch und Verknüpfung von unterschiedlichen Systemen • Fernzugriff auf Infrastruktur und zugehörige Anwendungen	• Übertragungsstörungen, Interferenzen mit anderen Standards • Gateway für Cyber-Attacken, Datendiebstahl, Manipulation, Spionage • Abhängigkeit von Verfügbarkeit und Schnittstellen des gewählten Standards
Cloud Computing	• Private Cloud • PaaS • …	• Kein Platz und Kostenaufwand für lokale Serverinfrastrukturen • Permanenter Fernzugriff auf Daten oder Anwendungen • Outsourcing von Teilen der Unternehmens-Security an einen Cloud-Provider	• Datenverluste bei der Migration • Erzeugung redundanter/ inkonsistenter Daten • Abhängigkeit von externen Services; bei Ausfall kein eigener Zugriff auf kritische Infrastruktur • Compliance-Risiken im Umgang mit Daten von MitarbeiterInnen, Kunden oder Geschäftspartnern
Big Data	• Data Mining • Data Analytics • …	• Gewinnung strukturierter Informationen aus unstrukturierten Daten • Lernen aus historischen Daten, Einblicke in Echtzeitzustände und Vorhersagen • Abbau von durch Unsicherheit bedingten Sicherheitsbeständen, redundanten Produktionsmitteln und resultierender Kapitalbindung durch bessere Vorhersagequalität • Monetisierung bereits vorhandener, aber ungenutzter Daten	• Unzureichende Qualität der vorhandenen Daten • Lernphase determiniert die Qualität der zukünftigen Funktionalität • Vorbehalte und Misstrauen unter MitarbeiterInnen • Laufende rechtliche Diskussion, zukünftige restriktive Gesetze • Obsoleszenz der Algorithmen • Abhängigkeit durch geringes internes Know-how und hohe Komplexität der Technologie

Tabelle 1: Nutzen und Risiken ausgewählter Industrie 4.0-Technologien

Es zeigt sich, dass aus Sicht von Experten und Verantwortlichen in der Praxis die Hardware-Ebene von Industrie 4.0 (Aktoren, Devices, Sensorik etc.) neben den klassischen Investitionsrisiken ob fehlender Erfahrungen insbesondere mit der Gefahr rascher und kaum planbarer Obsoleszenz belegt ist. „State-of-the-art"-Produkte werden in vielen Fällen innerhalb weniger Jahre durch neue, technisch signifikant verbesserte Generationen abgelöst, während der Support älterer Generationen zeitnah eingestellt wird. Ein Beispiel liefert die Mitte 2017 vorgestellte *Enterprise Edition* der *Google Glass*, die nur eineinhalb Jahre später durch eine *Enterprise Edition 2* abgelöst wurde, während bereits zahlreiche Quellen von einer 3. Generation im Jahr 2020 berichten (Kothari 2019; Lee und Tsai 2019). Immer wieder zeigen sich auch Diskrepanzen oder Widersprüche in ausgegebenen Nutzenzielen und anschließend erfahrenen Risiken. Automatisierungslösungen durch bspw. Gelenkarm- oder Transportroboter werden häufig mit steigender Flexibilität assoziiert, da die Maschinen permanent zur Verfügung stünden, und eine Programmierung bei wechselnden Anforderungen leichter und schneller funktionieren als Akquise oder Nachschulung geeigneter MitarbeiterInnen. In der Praxis zeigt sich dagegen immer wieder, dass angesichts kurzfristiger und unvorhersehbarer Events die angesprochenen Lösungen an ihre gestalterischen Grenzen stoßen und operative Flexibilität durch menschliche MitarbeiterInnen realisiert werden muss. Ähnlich ambivalent gestaltet sich die Frage nach dem Grad der Arbeitserleichterung oder der Steigerung von Produktivität sowie Zufriedenheit der MitarbeiterInnen im Zusammenhang mit Assistenzsystemen und Wearables. Während genau diese Aspekte als zentrale Nutzenziele im Raum stehen, berichten Projektverantwortliche aus der Praxis regelmäßig von Risiken durch gegenteilige Auswirkungen – Prozessverzögerungen und erhöhte Fehlerraten durch unzuverlässige Usability, unzufriedene MitarbeiterInnen und Bedenken zu ergonomischen Risiken.

Handlungsempfehlungen

Risiken verstehen und managen, statt sie vollständig ausschalten zu wollen

Die dargelegten Erkenntnisse dürfen selbstverständlich nicht zum Hemmer von Digitalisierung und Innovation mutieren. Vielmehr müssen sie den Verantwortlichen die Notwendigkeit aufzeigen, angesichts technologischer Entwicklungen unserer Zeit nicht blind dem Strom zu folgen, sondern Risikoimplikationen von potentiell gewinnbringenden Technologien im geplanten Einsatzbereich kritisch zu prüfen. Sind potentielle Risiken identifiziert, bieten sich Unternehmen durchaus Möglichkeiten, diese zielgerichtet zu managen. Als absolute Grundvoraussetzung für eine wirksame Cyber-Security in Zeiten von *Industrie 4.0* ist es für Entscheidungsträger unumgänglich, die Bandbreite möglicher Bedrohungen zu kennen (Andelfinger und Hänisch 2017). Die Praxis zeigt immer wieder, dass Know-how und Risikobewusstsein in Bezug auf digitale Technologien gerade in Deutschland und insbesondere im Bereich der wirtschaftlich extrem wichtigen KMU überaus gering ausfallen (BSI 2019). Auch mit Blick auf die operative Ebene entpuppt sich die Awareness von MitarbeiterInnen als fundamentaler Bestandteil der Unternehmenssicherheit, da naives Sicherheitsverhalten der Nutzer häufig Einfallstore für Angriffe darstellt (BSI) 2019). Regelmäßige Schulungen und Qualifizierungsmaßnahmen helfen dabei, alle IT-Anwender im Unternehmen für spezifische Risikothemen wie Social Engineering und riskantes Nutzerverhalten zu sensibilisieren. Strukturiert ergänzen lassen sich derartige Awareness-Ansätze durch organisatorische Maßnahmen wie die Einrichtung minimaler Benutzerrechte und die Umsetzung von Whitelist- oder Blacklist-Richtlinien für Softwareanwendungen (Wallner und Mayer 2016).

Dem zuvor aufgrund der besonderen Relevanz vorgestellten Beispiel der Gefährdung durch Ransomware lassen sich zudem zahlreiche technische Schutzmaßnahmen zuordnen, die viele, grundsätzlich mit *Industrie 4.0* assoziierte Risiken wirksam reduzieren. Einen Grundbaustein eines jeden *Industrie 4.0*-fähigen Risikomanagements stellt dabei eine Backup-Strategie dar, die nach jedweden Fällen von Verlust oder Manipulation kritischer Daten eine Wiederherstellung ermöglicht (BSI 2019). Zusätzlich grenzt eine gezielte Segmentierung insbesondere von Büro- und Produktionsnetzwerken im Falle einer Kompromittierung die Verbreitung ein (Andelfinger und Hänisch 2017). Gängige IT-Sicherheitsmaßnahmen wie Antiviren-Programme, host-basierte Firewalls und Intrusion-Detection-/Intrusion-Prevention-Systemen sollten zwar bereits gegenwärtig in jedem Unternehmen Standard sein, gewinnen zukünftig jedoch noch einmal an Bedeutung. Dasselbe gilt für ein strukturiertes Patch-Management von Betriebssystemen und sonstigen Softwareanwendungen. Die Gefahr veralteter Software hängt häufig unmittelbar mit historisch gewachsenen Hardwarelösungen zusammen, die in Form von Legacy-Systemen in zahlreichen Unternehmen zu finden sind. Hier beginnen die Risiken zumeist bereits damit, dass der Support durch den Anbieter eingestellt wurde oder Patches bzw. Legacy-Fixes für Sicherheitsprobleme, wenn überhaupt, nur noch mit sehr großer Latenz bereitgestellt werden (Reinhart 2017).

Fazit

Industrie 4.0 **benötigt ein Risikomanagement 4.0**

Es zeigt sich, dass *Industrie 4.0* bei allen zu erwartenden und teils schon nachgewiesenen Potentialen ebenso reale Risiken mit sich bringt. Ebenso wie Technologieanwendungen in Unternehmen ausgereifter werden, steigt auch der Reifegrad von Gefährdungen. In dem Maße, in dem Digitalisierung und Technisierung neue Einfallstore kreieren, eröffnen sie jedoch auch neue Möglichkeiten im Rahmen des Risikomanagements. Predictive-Maintenance-Lösungen oder Smart-Insurance-Ansätze deuten an, wie das Konzept von *Industrie 4.0* durchaus in der Lage ist, selbst induzierte Risiken inhärent zu lösen. Es zeigt sich einmal mehr die Notwendigkeit, *Industrie 4.0* in all seinen Formen objektiv zu betrachten und weder per se als Verbesserung noch als notwendiges Übel aufzufassen. Entsprechend gilt es, parallel zu Kosten-Nutzen-Abschätzungen für potentielle Technologieanwendungen von Beginn an auch Risikoanalysen zu implementieren und basierend auf den Ergebnissen notwendige Anpassungen des existierenden Risikomanagements vorzunehmen. Auf diese Weise lässt sich eine verantwortungsvolle und aktiv abgesicherte Transformation zu *Industrie 4.0* vollziehen.

Literaturverzeichnis

Abolhassan, F. (Hrsg.) (2017). *Security Einfach Machen: IT-Sicherheit als Sprungbrett für die Digitalisierung.* Wiesbaden: Springer Gabler.

Andelfinger, V.P., & Hänisch, T. (Hrsg.) (2017). *Industrie 4.0: Wie cyber-physische Systeme die Arbeitswelt verändern.* Wiesbaden: Springer Fachmedien Wiesbaden.

Braun, T. (2017). *Chancen und Risiken von Industrie 4.0 für kleine und mittlere Unternehmen: Eine Untersuchung am Beispiel der mittelständischen Automobilzulieferer.* Hamburg: Diplomica Verlag GmbH.

Bundesamt für Sicherheit in der Informationstechnik (BSI) (Hrsg.) (2019). *Die Lage der IT-Sicherheit in Deutschland 2019.* Bonn.

Frank, A.G., Dalenogare, L.S., & Ayala, N.F. (2019). Industry 4.0 technologies: Implementation patterns in manufacturing companies. *International Journal of Production Economics, 210,* 15–26.

Helbig, J., Hellinger, A., Kagermann, H., & Wahlster, W. (Hrsg.) (2013). *Umsetzungsempfehlungen für das Zukunftsprojekt Industrie 4.0: Deutschlands Zukunft als Produktionsstandort sichern: Abschlussbericht des Arbeitskreises Industrie 4.0:* Forschungsunion.

Kagermann, H., Anderl, R., Gausemeier, J., Schuh, G., & Wahlster, W. (Hrsg.) (2016). *Industrie 4.0 im globalen Kontext: Strategien der Zusammenarbeit mit internationalen Partnern.* München: Herbert Utz Verlag GmbH.

Kothari, J. (2019). Glass Enterprise Edition 2: faster and more helpful. Google LLC. https://www.blog.google/products/hardware/glass-enterprise-edition-2/. Zugegriffen: 5. Januar 2020.

Lee, A., & Tsai, T.J. (2019). Pegatron reportedly to make third-generation Google Glass. DIGITIMES Inc. https://www.digitimes.com/news/a20190722PD205.html. Zugegriffen: 5. Januar 2020.

Pinnow,C., & Schäfer, S. (Hrsg.) (2017). *Industrie 4.0 – Safety und Security – mit Sicherheit gut vernetzt: Branchentreff der Berliner und Brandenburger Wissenschaft und Industrie.* Berlin, Wien, Zürich: Beuth Verlag GmbH.

Reinhart, G. (Hrsg.) (2017). *Handbuch Industrie 4.0: Geschäftsmodelle, Prozesse, Technik.* München: Carl Hanser Verlag GmbH & Co. KG.

Wagner, R.M. (Hrsg.) (2018). *Industrie 4.0 für die Praxis: Mit realen Fallbeispielen aus mittelständischen Unternehmen und vielen umsetzbaren Tipps.* Wiesbaden: Springer Gabler.

Wallner, S., & Mayer, K. (2016). Ein ganzheitliches IT-Sicherheitskonzept für Industrie 4.0 Infrastrukturen. *Datenschutz und Datensicherheit, 40*(1), 43–46.

Die Autoren

Prof. Dr. Julia Arlinghaus ist Leiterin des Fraunhofer Instituts für Fabrikbetrieb und -automatisierung IFF und Inhaberin des Lehrstuhls für Produktionssysteme und -automatisierung an der Otto-von-Guericke-Universität in Magdeburg. Zuvor war sie die Inhaberin des Lehrstuhls für das Management von Industrie 4.0 an der RWTH Aachen – deutschlandweit dem ersten Lehrstuhl, der sich explizit dem Management der vierten industriellen Revolution gewidmet hat. Nach dem Studium des Wirtschaftsingenieurwesens an der Universität Bremen und der Tokyo University promovierte sie 2011 an der Universität St.Gallen, Schweiz. Im Anschluss war sie als Beraterin für operative Exzellenz und Lean Management bei der Porsche Consulting tätig, bis sie 2013 dem Ruf als Professorin für die Optimierung von Netzwerken in Produktion und Logistik an die Jacobs University Bremen folgte. Zusammen mit ihrem Team berät Sie regelmäßig Unternehmen in Fragen der Fabrikplanung und -automatisierung, risikooptimierten Lieferkettengestaltung, Konzeption und Einführung von Planungs- und Steuerungssystemen sowie bei der Transformation hin zu digitalen und effizienten Produktions- und Logistikprozessen.

Die Autoren

Benedikt T. Brahm absolvierte ein duales Studium in Business Administration an der Hamburg School of Business Administration (HSBA) in Hamburg. Parallel zu seinem Bachelor of Science-Abschluss mit dem Schwerpunkt Versicherungsmanagement schloss er die Ausbildung zum Kaufmann für Versicherungen und Finanzen ab.

Bereits während seines Studiums sammelte er erste Praxiserfahrungen im Versicherungsmanagement, im Risikomanagement und in der individuellen Kundenberatung bei der Funk Gruppe, einem international führenden Versicherungsmakler und Risikoberatungsunternehmen.

Heute ist Herr Brahm als Consultant | Business Analytics im Business Development der Funk Gruppe tätig.

Michael Brandstätter studiert an der Technischen Universität Wien Wirtschaftsingenieurwesen-Maschinenbau und ist seit 2016 angestellt als studentischer Projektassistent am Institut für Managementwissenschaften der TU Wien. Er wirkte in Forschungsprojekten zum „Unternehmensweiten Risikomanagement" mit, wobei seine Forschungsschwerpunkte in der Konzeptualisierung und Operationalisierung von Reifegradmodellen sowie der statistische Wirkungsanalyse liegen.

Die Autoren

Herr **Dr. Christian Eckert** ist Habilitand sowie Lehrbeauftragter an der Friedrich-Alexander-Universität Erlangen-Nürnberg (FAU) und seit 2016 als Aktuar bei der NÜRNBERGER Versicherung tätig. Zudem ist er Lehrbeauftragter an der HS Coburg und der TH Nürnberg. Seine Forschungsschwerpunkte liegen im Bereich künstlicher Intelligenz im Risikomanagement/Actuarial Data Science. Er ist Mitglied der American Risk and Insurance Association, der Deutschen Aktuarvereinigung e.V. (DAV) und der Deutschen Gesellschaft für Versicherungs- und Finanzmathematik e.V. (DGVFM). Zuvor hat er Mathematik studiert und am Lehrstuhl für Versicherungswirtschaft und Risikomanagement an der Friedrich-Alexander-Universität Erlangen-Nürnberg (FAU) bei Frau Prof. Gatzert promoviert.

Nach ihrem Studium der Mathematik hat Frau **Dr. Johanna Eckert** bei Frau Prof. Gatzert am Lehrstuhl für Versicherungswirtschaft und Risikomanagement an der Friedrich-Alexander-Universität Erlangen-Nürnberg (FAU) zum Thema „Asset Liability Management in Insurance Companies" promoviert. Ihre Forschungsergebnisse wurden in hochangesehenen Zeitschriften veröffentlicht und ihre Dissertation mehrfach mit Preisen ausgezeichnet. Seit 2018 ist sie Assistentin des Vorstandsvorsitzenden der NÜRNBERGER Versicherung.

Die Autoren

Dr. Andreas Eckstein ist seit über zehn Jahren im Bereich Finanzdienstleistungen tätig. Nach Stationen im Bereich Strategie und M&A hat er in den letzten Jahren das weltweite Innovationsmanagement der Hannover Rück etabliert. Seine Aufgabe besteht insbesondere darin, Trends aus den internationalen Innovation Hubs (insb. Silicon Valley) frühzeitig zu erkennen und darauf aufbauend Geschäftsmodelle mit Startups und externen Partnern aufzubauen. Nach dem Studium der Betriebswirtschaftslehre bzw. International Business an den Universitäten Würzburg, Göttingen und der University of South Carolina (USA), verbunden mit einer Werksstudententätigkeit bei Merrill Lynch, promovierte Herr Dr. Eckstein an der Universität Göttingen über die strategischen Optionen der Internationalisierung mittelständischer Unternehmen in einem zunehmend globalen Wettbewerb.

Dr. Eckstein hält Gastvorträge an Universitäten sowie bei Versicherungen und Verbänden zu den Themen Innovationen und Business Development. Zusammen mit anderen Futuristen und Private Equity Experten gründete er im Jahr 2009 den Verband Europäische Zukunftsforschung e.V.

Timo Engelbertz ist Absolvent des Dualen Studiengangs BWL Industrieversicherung der Hochschule für Wirtschaft und Recht Berlin (HWR). Während des Studiums hat er bei AXA XL in Köln erste Praxiserfahrungen in der Versicherungswirtschaft gesammelt. Nach wissenschaftlichen Arbeiten über alternativen Risikotransfer, u.a. über Anwendungsmöglichkeiten von Blockchain in der parametrischen Versicherung, hat er im Rahmen eines Auslandsaufenthaltes bei AXA Climate in Paris als Business Developer gearbeitet. Seit September 2019 studiert Herr Engelbertz im Master International Management and Finance (Double Degree) an der Hochschule Kaiserslautern und der Universidad Nacional del Litoral (UNL) in Argentinien. Neben dem Studium ist er als Stipendiat weiterhin bei AXA XL beschäftigt.

Dr. Anja Funk-Münchmeyer ist Mitglied der Geschäftsleitung der Funk Gruppe und verantwortet die Unternehmenskommunikation. Sie ist Volljuristin und trat nach Promotion an der Universität in Hamburg und Auslandsaufenthalten in Paris und London 1998 in das Unternehmen ein. Die Gesellschafterin von Funk war als Inhouse-Juristin wie auch in unterschiedlichen fachlichen Bereichen und Funk-Standorten tätig. Seit 2012 leitet sie die Unternehmenskommunikation. 2016 wurde sie in die Geschäftsleitung der Funk Gruppe berufen.

Dr. Thomas Götting

Hauptbevollmächtigter der XL Insurance Company SE, Niederlassung Deutschland, AXA XL Division.

Mit 20 Jahren Erfahrung in der internationalen Industrie-Versicherung ist Thomas Götting seit Januar 2018 Hauptbevollmächtigter der XL Insurance Company SE, Niederlassung Deutschland, innerhalb der AXA XL Division. Thomas Götting war zuvor für die französische Versicherungsgruppe Coface tätig, einem weltweit führenden Versicherer für

Die Autoren

Warenkreditversicherung, der ebenso Politisches Risiko, Bonding und Factoring abdeckt. Bei Coface war Thomas Götting in seiner Position als Regional Commercial Director Mitglied der Geschäftsleitung Nordeuropa. Er begann 1999 in der Versicherungsindustrie bei der Gerling Gruppe und hatte von 2004–2013 verschiedene leitende Positionen bei Atradius inne, einschließlich der Verantwortung als Country Manager für Deutschland.

Thomas Götting ist promovierter Volljurist. Am Instituto de Empresa Business School in Madrid absolvierte er zusätzlich ein internationales MBA Studium.

Maria-Helena Hansen hat ihr Studium der Betriebswirtschaftslehre und des Versicherungswesens an der Berufsakademie Stuttgart mit Auszeichnung abgeschlossen. Nach ihrem Studium war sie zunächst für verschiedene Unternehmen der Finanz- und Versicherungsbranche im Bereich Marketing & Kommunikation tätig. Des Weiteren war sie im Rahmen ihres beruflichen Werdeganges Fachexpertin für Vertriebsstrategie und -steuerung in einem großen Finanzdienstleistungskonzern. Derzeit arbeitet sie als Referentin im Vertriebsstab bei der HALLESCHE Krankenversicherung a.G. Nebenberuflich lehrt sie als Dozentin an der Dualen Hochschule Baden-Württemberg.

Die Autoren

Christian Höft hat nach seiner Ausbildung bei der Hamburg-Mannheimer Versicherungs-AG in Hamburg ein Studium an der Technischen Hochschule Köln am Institut für Versicherungswesen abgeschlossen. Im Anschluss erfolgten Stationen als Vorstandsassistent und Leiter Qualitätssicherung im Vertriebsressort bei der ERGO Versicherungsgruppe AG. Während dieser Zeit absolvierte Herr Höft zudem das MBA Programm Versicherungsmanagement an der Universität Leipzig. Anfang 2014 wechselte Herr Höft zur Munich Re nach München, wo er seitdem im Bereich der Industrieerstversicherung – mit dem Fokus auf innovative Risikotransferlösungen – tätig ist.

Seit November 2019 leitet Herr Höft das Team New Risk Solutions innerhalb von Munich Re Facultative & Corporate. In dem 2019 neugegründeten Geschäftsbereich (MR F&C) bündelt Munich Re seine globalen Aktivitäten der fakultativen Rückversicherung und Industrieerstversicherung.

Nach einer Ausbildung zum Bankkaufmann bei der BayernLB in München studierte **Dr. Franz Karmann** Betriebswirtschaftslehre an der TH Deggendorf und der Wissenschaftlichen Hochschule Lahr. In 2002 startete er als Trainee bei der Munich Re und absolvierte berufsbegleitend die Promotion an der Uni Leipzig. Nach Abschluss des Traineeprogramms hielt Herr Karmann mehrere Positionen im Bereich „Financial Risks" der Munich Re. Unter anderem war er als Senior Vice President im Global Credit Solutions Team für die Aktivitäten in Asien zuständig und leitete als Senior Portfolio Manager eine

Die Autoren

weltweite Expertengruppe für Politische Risiken innerhalb der Munich Re.

Seit 2017 ist Herr Karmann Geschäftsführer der sfr consulting GmbH, einem spin-off der Munich Re Gruppe. Die sfr consulting GmbH arbeitet mit großen Entwicklungsbanken an innovativen Risikotransferlösungen und ist im Rahmen der African Energy Guarantee Facility (AEGF) Agent für die Europäische Investitionsbank (EIB).

Dr. Kristina Klinkforth verantwortet seit 2015 die Funk Akademie der Funk Gruppe. Seit 2017 unterstützt sie zudem die Funk Stiftung in beratender Funktion. Sie studierte Politikwissenschaft, Internationale Beziehungen und Internationale Kommunikation in Hamburg, Berlin und Galway, Irland. Im Rahmen ihres Promotionsstudiums an der Freien Universität Berlin verbrachte sie einen Forschungsaufenthalt an der George Washington University in Washington, DC. Ihre beruflichen Erfahrungen umfassen die Entwicklung von international ausgerichteten Weiterbildungsprogrammen. So entwickelte sie ein online-gestütztes Master-Programm mit einem Kooperationspartner in der Golfregion und begleitete Sommerschulen in China, Russland, Vietnam und Syrien. Im Rahmen ihres Studiums sammelte sie u.a. Erfahrungen im Auswärtigen Amt sowie bei den Vereinten Nationen.

Die Autoren

Rolf Lenherr ist Experte für Operational Risk im Bereich Non Life bei Generali Versicherungen AG in Zürich. Als IKS Officer und Risk Champion ist er für die Loss Data Collection zuständig und führt im Rahmen der ersten Verteidigungslinie Control Testings der IKS Prozesse durch. Zuvor arbeitete er als International Account Executive und Advisor International Business im Bereich Internationaler Versicherungsprogramme für alle Property & Casualty Lines of Business bei Funk Insurance Brokers AG in Zürich. Als Broker International Business begleitete Herr Lenherr Risk Engineerings sowie internationale Schadenfälle, war zuständig für Bauversicherungen und wickelte die internationale Koordination und Kommunikation im Broker Netzwerk ab. Herr Lenherr studierte Betriebswirtschaftslehre mit Schwerpunkt Organisation und Strategisches Management an der Universität Zürich. Er besitzt den Abschluss als Master of Arts UZH in Wirtschaftswissenschaften. Danach studierte Herr Lenherr an der Universität St. Gallen (HSG) Rechtswissenschaften. Das Insurance Institute of Switzerland (IIS) verlieh ihm das Diplom als Chartered Insurance Broker®, die höchste Auszeichnung für Versicherungsbroker. Ebenso verlieh ihm das Institute of America (IIA) das Diplom als Associate in Risk Management (ARM), welches Herr Lenherr um Enterprise Risk Management (ARM-E) und Cyber Risk Management erweiterte. Seine jüngste Weiterbildung absolvierte er bei der MIB Trieste School of Management zum Thema Integrated Thinking und Reporting. Seine derzeitigen Verantwortlichkeiten bei Generali umfassen die GRC Themen (Governance, Risk und Compliance) sowie Quality Management. Des Weiteren ist er für den Bereich Non Life als Data Protection Manager, Compliance Officer (Weisungswesen, Reputationsrisiken, ESG Risiken), Financial Crime Experte, Business Continuity Manager, Business Unit Contract Manager (Outsourcing) und Internal/External Audit Koordinator zuständig. Er bietet bei Generali Großkunden beratende Unterstützung zu diesen Themen an.

Axel Liebetrau gilt als Deutschlands einflussreichster Experte für Innovationen und Trends in Banking und Insurance. Er ist Gründer der Banking Innovation Group (www.bankinginnovationgroup.de) und nach seiner Laufbahn als Bänker arbeitete er zuerst in verschiedenen Beratungsfirmen für Banken und danach in den führenden Zukunftsforschungsinstituten. Er studierte Bankbetriebslehre in Deutschland und International Management Consulting in England. Seit 2005 ist er als Unternehmer in der Innovationsberatung sowie als Keynote Speaker zu Innovation, Zukunft und Trends tätig. Er lehrt in der Schweiz und Deutschland und publiziert zu Innovationsmanagement in Banken und Versicherungen.

Hendrik F. Löffler ist Mitglied der Geschäftsleitung der Funk Gruppe, Geschäftsführer der Funk Risk Consulting GmbH, Mitglied des Verwaltungsrates der Funk Insurance Brokers AG, Mitglied des Verwaltungsrates der Funk Insurance Brokers Holding AG sowie Vorstandsvorsitzender der Funk Stiftung. Neben vertrieblichen Themen verantwortet er die Risikomanagementberatung inklusive alternativer Risikofinanzierung und das Business Development von Funk. Er studierte Betriebswirtschaftslehre an der Berufsakademie Stuttgart (Duale Hochschule Baden-Württemberg) mit dem Fachschwerpunkt Versicherungswirtschaft und strategisches Management. In vorangegangener Tätigkeit war er von 1995 bis 2002 als Key-Account- und Projektmanager für eine renommierte angloamerikanische Industrieassekuranz in München und Stuttgart tätig.

Peter Maas is a professor of business administration at the School of Management of the University of St Gallen, with a focus on insurance and service management. He is also a member of the Executive Board of the Institute of Insurance Economics at the University (I.VW-HSG). Maas studied management and economic psychology and received his doctorate from the University of Cologne. Later on he was a Visiting Scholar at Wharton School, University of Pennsylvania. Besides his academic background, for many years he gained practical experience with one of the leading German banks and as a senior consultant at a large international consultancy. Today he holds positions in the board of directors of two InsurTech companies and a family foundation. His current research interests focus on customer value management, data-driven business models, digital transformation, ecosystems and megatrends in services markets. He is a regular speaker at management conferences and executive education programs and has coached several international financial services companies.

Maas is the author of numerous scientific journal articles and practice-oriented books.

Die Autoren

The most prominent one is "2050 – megatrends, all-day worlds, future markets", which deals with the changing role of customers in a future market environment in which industry boundaries have become obsolete.

Petra Mates ist seit 29 Jahren in der Versicherungsindustrie tätig. Nach Abschluss des Versicherungsfachwirtes IHK war Frau Mates im Bereich internationale Industrieversicherung bei der Seedamm-Versicherungs-Vermittlungs GmbH, dem In-house Broker der ALTANA AG und DELTON AG, beschäftigt und u.a. für globale Versicherungsprogramme der Pharmaunternehmen beider Konzerne zuständig. Während dieser Zeit absolvierte Frau Mates eine zusätzliche Ausbildung zum Spezialist Transportversicherung DVA. Anfang 2010 wechselte Frau Mates in den Londoner Markt, wo sie zunächst als Partner in der Life Science Practice von JLT Specialty Ltd und dann als Client Director bei Aon UK Limited beschäftigt war. Seit Dezember 2017 ist Frau Mates als Underwriter für Life Science Risk Solutions und „EQuIP" Pharma Non-Damage Business Interruption im Team New Risk Solutions der Munich Re Facultative & Corporate tätig.

Lukas Nolte studierte Mathematik an der Leibniz Universität Hannover. Nach dem Studium startete er seine Karriere bei den VGH Versicherungen als Trainee. Er bildete sich zum Projektleiter und arbeitete primär in dieser Rolle für die VGH Versicherungen, bis er zur vtmw AG wechselte, wo er nun das Projektmanagement und die Personalentwicklung leitet. Parallel zu seiner Haupttätigkeit gründete er 2016 ein eCommerce-Unternehmen, schrieb mehrere Artikel, welche bspw. in der Versicherungswirtschaft und im Versicherungsjournal erschienen, sowie mehrere Bücher. Seit 2019 ist er darüber hinaus als Lehrbeauftragter für Actuarial Mathematics an der Leibniz Universität tätig.

Dr. Peter Reichard strukturiert und schreibt seit 13 Jahren Alternatives Risiko Transfer Geschäft für die Allianz Gruppe. Zuvor war er, ebenfalls in der Allianz, u.a. in den Bereichen Strategieberatung, Mergers & Aquisitions und Unternehmensbeteiligungen tätig. Er studierte Rechtswissenschaften an der Ludwigs-Maximilians-Universität München, wo er auch promovierte.

Marcus Rex verfügt über 25 Jahre Erfahrung in verschiedenen Managementpositionen im Bereich Banken und Finanzdienstleistung, darunter acht Jahre als Senior Vice President bei der Interhyp AG. Dort war er für den Aufbau des Privatkundengeschäfts und später für das Vermittlergeschäft verantwortlich. Als CEO Germany führte er die Bayview Lending Group, Miami in den deutschen Markt ein. Als Gründungsvorstand etablierte er einen Immobilienfinanzierungsvertrieb im Franchising im deutschen Markt. Bevor Herr Rex im Januar 2019 in den Vorstand der Smart InsurTech AG berufen wurde, war er drei Jahre als Geschäftsführer der PlanetHome Group für das Immobilienfinanzierungs- und Ratenkreditgeschäft verantwortlich. Herr Rex ist zudem Senator der Wirtschaft im Europäischen Wirtschaftsforum e.V. (EWiF) und im Bundesverband Deutscher Mittelstand.

Die Autoren

Dr. Marcus Schmalbach ist Gründer und CEO der RYSKEX GmbH. Er verfügt über eine langjährige Erfahrung im Risiko- und Captive Management und begleitete unterschiedliche Funktionen. Vor der Gründung von RYSKEX war er Leiter eines MBA-Programms mit dem Fokus auf „Innovation & Leadership". Er arbeitet immer noch als Gastprofessor mit den Schwerpunkten Innovations- und Risikomanagement. Gleichzeitig ist er als akademischer Leiter des BlockART Institutes mit den Forschungsschwerpunkten GIG Unternehmen, parametrische Lösungen, Blockchain Technologie und den Einfluss von KI auf die Wertschöpfungskette der Versicherungsindustrie betraut.

Christopher Schumacher (MSc.) studierte an renommierten Business Schools in Deutschland und den USA International Management. Anschließend war Herr Schumacher für eine Unternehmensberatung im Financial Services Bereich tätig. Herr Schumacher ist Doktorand und Projektleiter am Institut für Versicherungswirtschaft (I.VW-HSG) der Universität St. Gallen (HSG). In seiner Dissertation befasst er sich u.a. mit Ambidexterity, dem erfolgreichen Balancieren von Exploitation und Exploration. Herr Schumacher verantwortet eine Reihe von Praxisprojekten. Seine bisherigen Forschungsergebnisse präsentierte er auf renommierten Konferenzen.

Die Autoren

Univ.Prof. Dr. Walter S.A. Schwaiger ist seit 2002 Inhaber des Lehrstuhls „Rechnungswesen und Controlling" am Institut für Managementwissenschaften der TU Wien. Seine Forschungsschwerpunkte liegen in den Bereichen: 1) IFRS-Finanzmanagement: Finanzwirtschaftlich basierte Planung und Steuerung von Unternehmen im IFRS-Kontext. 2) Unternehmensweites Risikomanagement: Holistischer Ansatz zur Identifikation, Bewertung und Steuerung von Risiken und Chancen im operativen, finanziellen und strategischen Management. 3) Unternehmensweite Informationssysteme: Konzeptionelle Modellierung von Managementsystemen und deren IT-mäßige Implementierung.

Dr. Alexander C. H. Skorna studierte am Karlsruher Institut für Technologie (KIT) Wirtschaftsingenieurwesen und sammelte erste Praxiserfahrungen während seines Studiums in den USA, Singapur und Hong Kong. Im Anschluss erfolgte die Promotion an der Universität St. Gallen (HSG). Herr Dr. Skorna entwickelte dort Datenanalytik-Tools sowie neue Vertriebsstrategien für die Versicherungswirtschaft und ist Autor zahlreicher wissenschaftlicher und praxisorientierter Fachpublikationen Nach einer Station als Risikoingenieur bei HDI-Gerling verantwortet Herr Dr. Skorna seit 2014 das Business Development der Funk Gruppe, einem international führenden Versicherungsmakler und Risikoberatungsunternehmen.

Die Autoren

Dr. Jürgen Stanowsky studierte an der Universität Mannheim Volkswirtschaftslehre mit Schwerpunkt auf quantitativen Methoden und mikroökonomischen Fragestellungen. Nach einem Aufenthalt an der Université Catholique de Louvain in Belgien promovierte er an der Universität Mannheim. Auf seinem Berufsweg übernahm er rasch Führungsverantwortung in Researchbereichen führender Banken und bei der Allianz SE. Dabei beschäftigte er sich u.a. mit Themen des demografischen Wandels und den Auswirkungen auf Lebensversicherungen und Asset Manager. Seit 2012 ist Dr. Stanowsky im Strategieteam der Zurich Insurance Group in Zürich für die globale Konzernstrategie verantwortlich. Seine Schwerpunkte liegen im Bereich Sustainability und Klimawandel und den Konsequenzen neuer Technologien für Kunden und Versicherer.

Lars Georg Volkmann ist seit 2010 Vorstand für Vertrieb und Marketing der VPV Versicherungen in Stuttgart. Davor war der Diplom-Betriebswirt in Führungspositionen tätig für Gerling sowie AdvoCard und ARAG.

Dr. Reiner Will ist geschäftsführender Gesellschafter und Mitbegründer der *ASSEKURATA* Assekuranz Rating-Agentur GmbH. Der gelernte Bankkaufmann und promovierte Betriebswirt ist über seine Tätigkeit als wissenschaftlicher Mitarbeiter am Institut für Versicherungswissenschaft an der Universität zu Köln und als Ratinganalyst bei Assekurata seit über 25 Jahren mit der Analyse und Bewertung von Versicherungsunternehmen vertraut.

Dr. Reiner Will verantwortet die Rating-Durchführung, die Rating-Methodik, die Compliance und Aufgaben aus der Beaufsichtigung der Rating-Agentur. Darüber hinaus gehören die Bereiche Marketing und Öffentlichkeitsarbeit zu seinen Themenfeldern. Fachvorträge und Veröffentlichungen zu Fragestellungen der Versicherungswirtschaft runden seine Tätigkeit ab.

Manuel Zimmermann studierte Betriebswirtschaftslehre/Business Administration an der RWTH Aachen University und betätigte sich zeitgleich über mehrere Jahre am Forschungsinstitut für Rationalisierung im Bereich des Produktionsmanagements in Forschung und Beratung. Es folgte eine Anstellung als Wissenschaftlicher Mitarbeiter am Lehrstuhl für das Management für Industrie 4.0, im Rahmen derer er seine Promotion zum Thema „Risk Management for Smart Manufacturing" startete. Neben Lehr- und Beratungstätigkeiten arbeitete Herr Zimmermann schwerpunktmäßig an praxisorientierten Softwaretools zu verschiedenen industriellen Risikothemen. Seit 2020 verantwortet Herr Zimmermann den Bereich „Beyond Insurance" im Business Development der Funk Gruppe, einem international führenden Versicherungsmakler und Risikoberatungsunternehmen. Dort beschäftigt sich Herr Zimmermann an der Schnittstelle von Versicherer, Broker und Kunde mit innovativen Lösungen für die Versicherungswirtschaft im Zeitalter der Digitalisierung.